TODOS LOS SOMBREROS
ME QUEDABAN CHICOS

Rudy

TODOS LOS SOMBREROS ME QUEDABAN CHICOS

Cuentos

EDICIONES DE LA FLOR

Tapa: Patricia Jastrzebski
con la colaboración de René Magritte

© 1995 *by* Ediciones de la Flor S.R.L.
Gorriti 3695, 1172 Buenos Aires, Argentina
Queda hecho el depósito que dispone la ley 11.723

Impreso en Argentina
Printed in Argentina

ISBN 950-515-549-2

BATISTA

Supongo que habrá sido la mishiadura lo que lo decidió a Batista a hacerse ladrón. Usted sabe cómo son las cosas en estos tiempos de crisis. Aunque esto que le cuento pasó en otros tiempos de crisis. El asunto es que el hombre se las debe haber visto negras, sin tener donde caerse muerto, con la angustia matándolo de frío y el hambre matándolo de tristeza. Sí, eso fue. Y si no fue lo que le pasó a él, fue lo que le pasó, a otro.

Lo que es seguro es que Batista no se volvió chorro para progresar socialmente sino para salvarse, como manotazo de ahogado. Si no, no se entiende por qué empezó en su propio barrio, donde todos eran casi tan pobres como él, y no en una zona de ricos. Quiero decir, no sé si me entiende, que no era un profesional, ni siquiera un amateur, sólo un desesperado más.

Y la primera que cayó fue una mina. Pobre mina, qué susto se debe haber llevado. Ella debía ir caminando lo más pancha, y de pronto se le aparece Batista, la encara y le susurra:

—Dáme todo lo que tengas.

Y ella, qué tenía ella. Nada tenía. Pero parece que era medio jipi, y le dijo:

—Sólo tengo amor.

—Dámelo —insistió Batista.

Y ella se lo dio.

—Dámelo todo, no te hagas la viva —siguió él—. Y ella no podía dárselo todo, porque cuanto más le daba más tenía. Pero igual, al final, Batista la dejó irse. Ya tenía suficiente amor, y no quería que le pesara demasiado.

—Tengo miedo —le dijo ella al irse.

—Dámelo —le pidió él.

Y ahí se fue Batista, con un poco de amor y un poco de miedo que le permitieron aguantarse un tiempito. Por lo menos estaba abrigado.

Después Batista asaltó a una puta. Pero no a una de esas finolis que hay ahora, esas que cobran en dólares y aceptan tarjetas de crédito. Ésta era tradicionalista, artesanal, tan típica y en extinción como un cine de barrio. Y ni siquiera pudo darle amor, hacía rato que se lo habían sacado todo. Usted sabe cómo les está yendo últimamente a los cines de barrio. Lo único que le dio fue un poco de lástima. Y bueno, para algo me va a servir, pensó Batista mientras seguía su camino.

A esa altura los diarios empezaron a ocuparse un poco de Batista. Fueron los de la pila que afanó de un depósito, y que usó un poco de camiseta, un poco de almohada. La noche estaba cerrada, más para tipos como él que no tenían con qué pagar la entrada.

A la mañana siguiente Batista asaltó a un viejito. El viejito tenía muchísimos recuerdos, pero le pidió a Batista que se los dejara, que eran los ahorros de toda su vida. Como en su último asalto había afanado muchísima compasión, Batista le prometió al viejito que sólo se llevaría uno. El viejito se lo dio, y tal vez venga de ahí la manía de afanar flores todos los 18 de marzo que se agarró Batista. Antes de irse, descubrió que el viejito le había mentido, que no sólo tenía recuerdos, sino también un montón de consejos, pero Batista no se los llevó. Para qué, si no valían nada.

Después Batista se acercó a un grupo de gente y vio que en el medio estaba un tipo muy bien vestido y de constante sonrisa, que encandilaba al resto con promesas. Nada les pedía a cambio, sólo poder. Batista se preguntó cómo podrían estos tipos darle poder al de la sonrisa, si ellos mismos no lo tenían. "Tal vez el hombre tenga una técnica de afano especial", terminó reflexionando.

Batista se acercó al grupo a la pesca de algo valioso, pero ahí sólo había falsificaciones. Igual le pungueó la sonrisa al tipo del traje, pero sólo pa'joder. Después la tiró en el tacho de basura. Se dio cuenta de que esa sonrisa era como esas cosas que hacen tanto furor en Europa, que son para usar y tirar.

Dicen que Batista siguió afanando, que se convirtió en una leyenda oculta del barrio. Nadie hablaba de él. Por ahí, para protegerlo de la cana, por ahí, para evitar que se volviera famoso y emigrara, como tantos otros.

Usted dirá que me equivoco, que mis apreciaciones son falsas, que cómo el barrio iba a protegerlo y querer que se quedara si Batista era un ladrón, y encima era un ladrón que les robaba a ellos. No lo sé. Se me ocurre que Batista se parecía más a un botellero que a un chorro. Quiero decir que tal vez lo usaban para que se llevara las cosas que ellos no querían guardar: viejos sentimientos que nadie se atrevía a tirar porque daba mucha culpa, pero que tampoco había dónde conservarlos. Batista se hacía cargo de la melancolía, de los rencores, de los ideales.

La cana se la tenía jurada, a Batista. No podían tolerar que en el barrio hubiera menos angustia, menos rencores, de última menos trabajo para ellos. Y lo peor fue cuando Batista se llevó el miedo. Era la cana pobre de un barrio pobre, de algo tenían que vivir.

No sé cómo terminó Batista. Unos dicen que al final se enriqueció y que una noche se robó a sí mismo todos los sentimientos que tenía acumulados. Otros chimentan que encontró una mujer tan ladrona como él, y se pasan el día y la noche robándose amor mutuamente. Están los que no lo quieren bien, y dicen que agarró todos los afectos y los depositó fuera del país. Alguien me comentó que el otro día vieron por la calle a un tipo tirado mendigando amor. Por ahí era él. Quién sabe.

COSTUMBRES Y TRADICIONES

Hoy renunció el Ministro de Acumulación de Riquezas por sentir que su cargo era meramente simbólico. El rey sintió una poco disimulada pena por la decisión de su subordinado, a quien, más allá de las diferencias de clase, lo unía una amistad de varios días, y varios negocios que habían planeado juntos. Pero la presión de los grandes grupos pudo más que su férrea voluntad, y Ferdinández, que así se llamaba el ministro, tuvo que presentar su dimisión.

El pueblo recibió la noticia con la natural ambivalencia que nos caracteriza desde hace ya varios años, o décadas, o siglos, qué importa. Algunos llegaron a insinuar una sonrisa, satisfechos por la caída de un funcionario particularmente odiado, no en lo que atañe a su persona sino por el puesto que había ocupado. Otros, tal vez levemente realistas, no pudieron evitar cierto resquemor al visualizar la posibilidad de ser designados ellos mismos como reemplazantes del destituido Ferdinández.

En mi caso personal por suerte un salvoconducto me avala. Mi hermano Ubalino fue Subsecretario de Asuntos Estrictamente Inútiles durante cuatro horas. Y su sacrificio no fue en vano; gracias a él, nuestra familia ha adquirido un documento que nos exceptúa de ser funcionarios, salvo en caso de Angustia Estatal, situación en la cual ningún documento es válido, ni siquiera la moneda extranjera, única de curso legal en nuestro territorio.

El rey, pese a todo, manifestó cierto optimismo. Es que seguramente mucha gente concurrirá a la defenestración de Ferdinández y eso dejará dinero al Estado. La gente ama las defenestraciones, sobre todo si se efectúan desde pisos altos. La multitud se reúne en la Plaza Mayor a esperar la caída y hasta se realizan apuestas acerca de cuál será la última frase del ex funcionario.

Inclusive corre el rumor de que algunas empresas regentean las apuestas y más de una vez han ofrecido fuertes sumas de dinero a un funcionario para que su última frase sea aquella a la que han apostado. Por supuesto que nunca jamás entregan lo prometido. No porque no fuera su intención cumplir lo pactado, sino porque para hacerlo sería menester que el arrojado sobreviviese a la defenestración, cosa que jamás ocurrió. Y si llegara a ocurrir, el pacto no tendría valor alguno, la apuesta sería nula ya que la frase en cuestión no sería "la última".

Quizás usted sea extranjero y no entienda esta costumbre de nuestro pueblo, pero quiero que sepa que constituye una arraigada tradición. Y no es la única, por cierto.

Tal vez las circunstancias nos hayan forzado, o se trate de un atavismo, pero lo cierto es que hemos desarrollado una verdadera cultura de la ejecución de habitantes por los más diversos y hasta pintorescos métodos. Eso sí, no todos los métodos son para todos.

Le ejecución del rey, por ejemplo, requiere una serie de preparativos especiales y, permítaseme el término que está de moda, de "atención personalizada". Debe ser llevada a cabo por gente con capitales ya que demanda una importante inversión que no cualquiera está en condiciones de hacer.

A tal punto esto es así que ha habido casos de licitación entre empresas para adquirir los derechos de ejecución. La ganadora, o el *holding* que tome a su cargo la tarea, comenzará a proceder con sumo cuidado, y día a día, casi imperceptiblemente, irá anulando, apagando o eliminando un órgano, grupo celular o simplemente una función del monarca, hasta llegar a su total embalsamamiento. Cuando el rey está totalmente embalsamado se declara a la población su imposibilidad de seguir gobernando y se lo coloca en el museo del palacio. Como habrán visto, no es tarea fácil. Además, después hay que elegir otro.

Cuando se trata de eliminar mercaderes la cosa es un poco menos complicada. La maniobra que se lleva a cabo requiere de un gran esfuerzo, pero reporta la enorme ventaja de terminar con un gran grupo de una sola vez. El rey anuncia que, a partir del día de la fecha (hoy, en términos vulgares), a las 17.30, la moneda en vigencia en todo el territorio nacional es la del vecino territorio de Lechonia, y todos los mercaderes corren desesperados a comprar porcinetes. Pero al rato el monarca informa que ha cambiado de opinión y que en realidad se utilizará la moneda de Bosta Rica. Y los mercaderes huyen a cambiar sus porcinetes por caquitos. Por supuesto que, dado el apuro, obtienen menos caquitos que en situaciones normales. Y entonces el rey afirma que "nada de caquitos, la moneda oficial pasa a ser la de nuestra amiga y aliada República Popular Chismosa" y el caquito pierde la mitad de su valor de cotización a manos del rumorillo, que pasa a ser la *vedette* del mercado.

Entre corrida y corrida, los mercaderes van falleciendo por el efecto sumado de la angustia, el esfuerzo físico, la sensación de ruina inminente, y la cantidad inusitada de medicamentos, café y otros elementos que consumen para tratar de paliar la angustia, la sensación de ruina inminente y el esfuerzo físico.

En estos casos también se hacen apuestas acerca de cuál será la próxima moneda elegida por el rey, y también se rumorea que las apuestas son habitualmente digitadas.

Mucho más simple y barato todavía resulta la ejecución de la gente simple. Se lleva a cabo a menudo, en forma masiva, y prácticamente gratuita. En realidad no hace falta hacer casi nada. Suelen fallecer como consecuencia de los esfuerzos que el rey y los mercaderes hacen para evitar sus propias ejecuciones.

Por ejemplo, un rey al que ya han embalsamado la memoria finge conservarla y hace cualquier cosa (confiscar el dinero de la gente simple, por ejemplo) diciendo que eso era parte de su plan de gobierno, el que en realidad le resulta imposible recordar. El mercader, por su parte, habiendo adquirido caquitos cuando la moneda oficial era el perogrullo, intenta que la gente simple se haga cargo de sus pérdidas personales reclamando por los objetos que vende más perogrullos que los que realmente valen dichos objetos. Y la gente simple se muere de tristeza, de hambre o de vergüenza. O de tristeza, de hambre y de vergüenza. O, en su afán de identificarse con el rey, se autoembalsama y concurre a las defenestraciones. Como ésta de hoy, la de Ferdinández, que está por comenzar. ¿No quieren quedarse?

EL CASO BLANCHE

Ella llegó de repente. Entró en mi oficina (de algún modo hay que llamar al ridículo sitio en que atiendo a mis clientes) y se miró en el espejo. Era bella. Aún era bella. Quedó un rato contemplando su propia imagen orgullosa en el espejo y fue entonces cuando decidí recordarle mi presencia.

—Buenos días —le dije.

—Lo serán para usted —me respondió—. Mi esposo y yo estamos desesperados. Nuestra hija Blanche desapareció hace varios días y tememos por su suerte.

—Por mi suerte no se preocupen —le dije—, mi presupuesto de detective no da como para jugar loterías ni mucho menos para ir al hipódromo.

—No se haga el idiota que le sale mal —insistió ella mientras volvía a contemplarse y se retocaba levemente el peinado—. Es por la suerte de nuestra hija por lo que tememos.

Yo estaba de acuerdo con ella en un aspecto, pero disentía en otro. Me pareció razonable preocuparse, y mucho, por una joven que falta de sus sitios habituales por varios días, pero por otra parte su crítica a mi rol de idiota me parecía severa. Todos mis allegados dicen que me sale naturalísimo.

—¿Cuánto tiempo hace que Blanche falta de su casa?

—Hace unos días salió a dar un paseo con un joven de la zona, y nunca más volvió, ni tampoco el muchacho. Temo que se haya perdido en esta selva de cemento.

—Hubiera llevado piedritas —dije, algo cínico—. Bueno, hágame una lista de las amistades de Blanche.

—Oh, ella tiene muy pocos amigos. La cuidamos mucho. Los hombres abusarían de su belleza y su inocencia.

—¿Tiene una foto de Blanche?

Tenía.

Mientras yo observaba la foto de Blanche ella volvió a mirarse al espejo. En un momento dado la foto de Blanche se interpuso entre el espejo y la mujer. Ella apenas pudo contener una mueca, y rompió en llanto.

—¿Por qué? ¿Por qué? —sollozaba.

Me acerqué a ella.

—Entiendo, señora, que la ponga mal ver la foto de Blanche. Es tan bella.

Realmente lo era.

Tomé el caso. No es lo único que tomé. Fui al bar de Pete a buscar unos whiskies y un poco de información. La información que había era vieja, el mozo no me la recomendó. Así que ni bien los whiskies me lo permitieron (los había tomado en ayunas) me levanté y me dirigí directamente a la mansión de los Nieger, tal era el apellido de mis clientes.

A decir verdad, llamar a eso una mansión era injusto. La vivienda era un verdadero castillo real, con súbditos y todo. Un poco desordenado, no vamos a negarlo, pero un sitio de gente de dinero.

Me recibió Phileas, el mucamo.

Le comenté algo sobre el desorden, y me hizo una extraña referencia a que en los tiempos de la anterior dueña esas cosas no pasaban. Pero entonces llegó Smith, el mayordomo, y Phileas se puso a pulir espejos con la franela, en una mezcla de dedicación al trabajo, miedo a la desocupación y temor al propio Smith.

—Los señores lo saludarán en el atrio —me dijo, revelando un pasado eclesiástico—. Oh, *sorry*, los señores lo recibirán en el salón.

En el salón estaban los señores. El señor y la señora. Y el espejo, claro. Algo me llamó la atención en esa pareja . Él parecía un hombre rudo por fuera pero muy frágil por dentro.

Enseguida me di cuenta de mi equívoco. Yo no estaba viendo a la señora y el señor Nieger, sino a la señora y al espejo Negro.

Finalmente lo vi a él. Un hombre decididamente mayor que ella, nadando en un mar de lágrimas del que a duras penas salía a flote.

—¡Mi pobre hijita, mi pobre y única hijita!

—Bueno, Bert, ya va a aparecer, es joven y tiene documentos, en cualquier momento la trae la policía, o el joven e imbécil detective que contraté.

Ése vendría a ser yo.

Smith miraba impávido la escena, como un espejo más. Tan es así, que Phileas casi lo pule, por error.

—Y dígame, señor Nieger —comencé a ejercer

mi labor—, ¿qué saben ustedes del joven con quien saliera Blanche?

De reojo, pesqué un imperceptible intercambio de miradas entre Smith y el espejo en que se miraba la madre de Blanche. Con el rabillo del otro ojo percibí una extraña sonrisa en Phileas. Bert, a su vez, percibió mi súbito estrabismo y me agarró justo antes de que me cayese al suelo.

—Ejem —éste fue Smith—, si los señores me permiten, retiraré la bandeja del té.

Tuve que convencer a Smith de que yo no era una taza, pues a toda costa quería sacarme de escena. Mientras tanto, escuchaba los sollozos de Bert.

—¡Mi hijita, mi pobre hijita!

—¡Siempre tu hijita, siempre tu hijita, como si ella fuera la más bonita! —se burlaba la mujer, espejo mediante.

Finalmente pude reducir a Smith y aproveché su imprevisto tamaño pequeño para interrogarlo.

—Está bien, lo confieso, la joven Blanche salió conmigo, pero no es para lo que usted cree.

—¿Y entonces, para qué?

—No lo sé, eran órdenes de la señora Nieger.

¡Conque la señora Nieger! ¿Por qué una madre ordenaría a un hombre salir con su hija y volver sin ella? ¿Sería para protegerla de algo? ¿Tal vez de su propio padre? ¿Tal vez el señor Nieger no era el verdadero padre de Blanche y simulaba sus sollozos?

¿Tal vez haya algo después de la muerte? ¿A qué hora pasa el tren? Eran demasiados interrogantes para mí.

Debía hablar con la señora Nieger. Debía encontrar a Blanche antes de que su padrastro lo hiciera. Debía tantas cosas. Finalmente decidí averiguar qué más sabía Smith antes de que recuperase su tamaño normal.

—¿Dónde dejaste a Blanche?

—Oh, ella se me escapó por ahí.

Por ahí. Fácil es decirlo. Pero el que la tenía que encontrar era yo. Volví a reducir a Smith con un golpe, y cuando no medía más de noventa centímetros lo guardé en un placard y me fui.

Comencé a recorrer la noche. Estaba oscuro. Ladrones, putas y panaderos hacían su trabajo en silencio. De pronto, una pequeña y siniestra figura rompió el clima con su canto.

—Ay voy, ay voy, ay voy a trabajar... —cantaba el hombrecillo.

—¿Adónde crees que vas, enano? —le pregunté tomándolo del pelo por error, ya que mi intención era tomarlo de la solapa, pero era muy bajito.

—A trabajar señor, tengo seis hermanos pequeños y una forastera que mantener.

Una forastera. ¿Sería Blanche?

—Vamos a tu casa —le indiqué.

—No señor, no es lo que usted cree, ése no es mi trabajo, soy ayudante de panadero —me dijo el pequeño.

—¡A tu casa, dije!

—Okey, okey, pero son cien dólares la hora, muchacho.

Le di un pequeño golpe, no fuera cosa de reducirlo demasiado, y lo seguí a su casa. La forastera era efectivamente Blanche, y ni bien la vi, corrí a avisarle a su madre y cobrar los honorarios correspondientes, que me pagó sin mirarme, ya que se estaba contemplando a sí misma.

Al salir, Phileas me interceptó:

—Buen trabajo, señor, ahora el señor Nieger podrá vivir tranquilo.

—¿El señor Nieger? Sí, puede ser, pero sobre todo la señora Nieger, la madre de la joven.

—La madrastra, dirá usted.

—¿Madrastra?

—Sí, lamentablemente el señor enviudó siendo su hija muy pequeña, y volvió a casarse con la señora de los espejos.

O sea que era eso. Ella era la madrastra. Esto lo cambiaba todo. Deduje que era la señora Nieger quien había hecho desaparecer a su hijastra para quedarse a solas con él, o con el espejo, o con Smith, vaya uno a saber. Comprendí que Blanche estaba en peligro.

No había tiempo que perder. Salí corriendo a la casa de los pequeños. Llegué tarde, la joven yacía postrada.

El pequeño panadero salió a recibirme.

—No entiendo qué pasó. Vino una señora con un espejo, saludó efusivamente a Blanche, le dio algo de comer, y la joven cayó desvanecida.

¡Envenenamiento! ¡Había que buscar el antídoto, pronto! Salí a conseguir una farmacia de turno.

—Contra esto no hay remedio —me dijo el farmacéutico—. Sólo un gran shock podría sacarla de su letargo. Si no, todo será inútil.

—¿Un gran shock? ¿Como qué?

—¿Es virgen la chica?

—Eso creo.

—Pues ya tienes la respuesta.

Volví corriendo a la casa de los pequeños. Pero Blanche ya había despertado. A su lado, yacía un despreciable rubio jovencito.

—Éste es mi novio. Los muchachos lo llamaron
por teléfono y él vino y logró despertarme. Gracias
por todo, señor detective.

Salí silbando bajo. Llegué a mi oficina con el
tiempo exacto para recibir a mi próxima cliente, una
señora desesperada.

—Estoy desesperada. Hace unos días envié a mi
hijita a llevarle comida a mi mamá, y desapareció...

Y me mostró la foto de una nena cubierta con
una capuchita roja.

LA DESGRECIA
(piccola tragedia)

Personajes:
Linfática
Anestesiastes
Coro

Acto único, escena única

Linfática: Los dioses se enojarán, oh Anestesiastes, el de la palabra rápida y el ímpetu fogoso.

Anestesiastes: ¿Por qué invocas ahora la ira de Zeus, la furia de Eolo y los reproches de Hematemesis? ¡oh Linfática, la de la esbelta silueta y cálida mirada!

Linfática: A Zeus y Eolo los conozco, pero ¿quién es Hematemesis? Tú me trajiste aquí, me sedujiste, y ahora hablas de divinidades que yo no...

Anestesiastes: Ya no temas, oh Linfática, la de la sin par belleza y cutis natural! ¡Hematemesis, la del excesivo reproche, no es otra que mi madre!

Linfática: ¿Y por qué nos reprocharía tu madre algo que, según tus propias palabras, podría ser tolerado hasta por los dioses, ¡oh Anestesiastes, el del conflictivo discurso!

Anestesiastes: ¡Cuántas cosas hay en el Olimpo que tú aún desconoces, Linfática! Mira, mi madre pasó parte de su juventud en Judea, y allí las madres son mucho menos permisivas que los dioses en cuanto a la sexualidad de sus hijos.

Linfática: ¡Apiádome de ti, oh Anestesiates, el de la complicada pubertad! ¿Cómo hiciste para escapar de sus fantasmales reproches?

Anestesiastes: Consulté a Significante, el de los elevados honorarios.

Coro (canta):

Apiádome de ti, oh Anestesiastes
no sigas por favor, oh Anestesiastes,
Lo vemos en la próxima, oh Anestesiastes

Linfática: Oh Anestesiates, el de la obsesiva neurosis, ¿qué ocurrió entonces?

Anestesiastes: Es largo y oneroso de contar. Además ¡por todos los dioses del Olimpo reunidos en simposio! ¡mi alma no da más y mis vísceras menos aún, quiero yacer junto a ti en el lecho de los amores no platónicos, ya mismo! ¡No quiero perder más tiempo!

Linfática: No desafíes a Cronos, oh Anestesiastes, el de la verba inflamada.

Anestesiastes: No es mi verba, oh Linfática.

Linfática: Cállate ya, oh Anestesiastes, el del furor genitalis. Yo también deseo yacer junto a ti como lo hicieran Zeus y Hera, Hades y Perséfone, Kama y Sutra. ¡Quiero hacerlo, pero no desafíes a Cronos, que aún no es propicio!

Anestesiastes: ¿Y cuándo será propicio, oh Linfática, la de la prolongada espera?

Linfática: ¡Los dioses enviarán una señal, oh Anestesiates!

Anestesiastes: Mírame, oh Linfática, la del

deseo tardío. ¿Te parece poco esto, como señal de los dioses?

Linfática: Puedo entender eso como señal de aprobación de Príapo, ¡pero faltan aún muchas otras divinidades!

Anestesiastes: Los dioses muestran su aprobación, Linfática.

Coro: *Que la muestren, que la muestren.*

Anestesiastes: ¡Ya callaos, coreutas, ya callaos! Mira, Linfática, la de la más que interesante delantera, mira, ¡los dioses insisten!

Linfática: Pues serán tus dioses, porque los míos, aún ni se han hecho presentes. ¡Debes ser cauteloso, mi inexperto y adorable amigo, para así poder suscitar las olas del monte de Afrodita y no las del Olimpo, ¿comprendes?

Anestesiastes: Cállate ya, Linfática, que a muchos montes ya he arribado yo, en el momento propicio y sin tanta plegaria.

Coro: *¡Ah macho!*

Anestesiastes: Las sacerdotisas de toda Esparta y gran parte de Atenas recuerdan cálidamente mis ofrendas, debes saberlo.

Coro:
Oh Anestesiastes
Vencedor en las Guerras Púbicas
Descollaste contra las Féminas
¡No perdonaste una, Anestesiastes!

Anestesiastes: Modestamente...

Linfática: No insistas, oh Anestesiastes, el del discurso poco convincente.

Anestesiastes: Pues ya los dioses se cansaron, Linfática, la de la tardanza inexcusable, y ahora Príapo retiró su aprobación.

Linfática: Caramba, Anestesiastes, el de la inspiración breve, esto enfurecerá a las sacerdotisas.

Anestesiastes: Pues mira Linfática, la de la excusa constante, mi espera no ha sido breve. ¡He intentado todo para que tú reconocieras la señal de los dioses y tú nada!

Linfática: Tal vez tu señal no fue tan fuerte como para que a mi templo llegara, oh Anestesiastes, el del pequeño margen.

Anestesiastes: ¡Claaaaro! Pero, ¿a quién esperabas tú, puede saberse? ¿A Apolo? ¿A Hermes? ¿Tal vez a Hércules?

Linfática: ¡No grites, oh Anestesiastes, el de la también breve paciencia! ¡No hagas de esto una tragedia!

Anestesiastes: La haré, por los dioses que la haré.

Coro: *Y la hizo, nomás, el desgreciado.*

LA INCREÍBLE Y TRISTE HISTORIA DE NUESTRA CÁNDIDA HELADERA Y EL TÉCNICO DESALMADO
(Tres crónicas de una muerte anunciada)

I
Mi familia no tiene quien le enfríe

Un día de marzo, siendo las 16 horas, dejó de funcionar nuestra heladera. No fue el epílogo de una larga y profunda depresión, sólo hubo un repentino corte de luz.

Llamados que fueron el electricista, el técnico en cortes espontáneos, el inspector de errores involuntarios provocados por el mal posicionamiento del dedo al apretar interruptores, y el especialista en cables de pequeña y mediana extensión, y abonadas que fueran, puntual y rigurosamente, las facturas correspondientes a las consultas efectuadas, obtuvimos una conclusión unánime y sentenciosa: tal como mi mujer y yo, legos absolutos en la cuestión, sospechábamos desde un principio, se nos había roto la heladera. Y no era culpa de la empresa de electricidad, a la que por las dudas puteamos, para cumplir con el ritual.

El especialista en frigorías artificiales al que

llamamos inmediatamente, y cuyo *atelier* quedaba ubicado a pocos metros de mi propio hogar no nos convenció:

—Demasiado honesto —dijo doña Rosa, una vecina, que algo tenía que decir.

—Éste seguro que cobra poco a propósito para que siempre lo llamen a él —coligió don Ramos, un vecino del barrio que, como buen vecino, aportó lo suyo.

—Si lo llaman a éste, van a tener que pagarle una vez a él y otra vez al *service* oficial, ¿por qué no llaman directamente al *service* oficial así le pagan dos veces a la misma gente? —argumentó la señora Cecilia, que de heladeras sabe mucho ya que tiene una hija psicóloga.

Llamamos al *service* oficial. Por suerte el teléfono no había hecho causa común con la heladera, y andaba.

—Buenas, llamo por una heladera.

—¿Es usted pariente?

—No me haga reír que mi heladera no funciona.

—Entiendo.

—¿Pueden venir a arreglarla, si no es mucha molestia?

—¿Puede pagarnos la visita, dinero que le será descontado del presupuesto final luego de haberle sido aumentado al mismo efecto?

—¿Pagarles la visita? ¡Ustedes están locos! No puedo.

—Nosotros tampoco podemos ir, señor, estamos muy ocupados cobrándole a otra gente.

—Entiendo, voy a hacer un esfuercito.

—Nosotros también. ¿Dirección?

—Pasaje Braun Menéndez cuatro...

—Braun Menéndez, ¿y eso dónde queda?
—Por la Boca.
—¡Caramba!
—No, la Boca.

Vinieron. El técnico me explicó detalladamente que debían retirar mi heladera y llevarla al taller porque fallaba el motocompresor, y todo eso sin siquiera entrar en mi casa. Pero bueno, era el *service* oficial de una empresa especializada multinacional, privada, de prestigio. Y yo supuse que si ellos lo decían, sabrían. Por ahí estaba utilizando algún método de diagnóstico recién importado de Europa. La cosa es que se la llevaron, a mi heladera. En la cocina quedó un vacío difícil de llenar. Pero bueno, "en tres días está de vuelta, sana y salva" me dijo el técnico, mientras me consolaba ofreciéndome un recibo a falta de pañuelo.

Y estuvo de vuelta, en tan sólo quince días. Vale decir unos doce días más que los tres pactados. Durante esas dos semanas habíamos llamado, implorado, amenazado, exigido, pedido, rogado, rezado e insultado en varios idiomas con sus respectivos dialectos, sin resultado. Mi mujer lloraba en el rincón que hasta entonces ocupara la heladera y decía "¡Nunca volverá, nunca!" Y yo le pedía que no mirara tantos teleteatros, pero en el fondo sufría como ella, y también miraba teleteatros, ya que por suerte no se habían llevado el televisor.

Y a los quince días, ¡milagro!, la trajeron. La recibimos como a un hijo pródigo: caricias, mimos y carne al *freezer*. Pagamos una pequeña fortuna a la que sumaron, para luego restar, el importe de la consulta. Todos felices, hasta que, cinco minutos más tarde... ¡*Believe it or not*, se volvió a cagar la heladera!

"Claro", me dije lo más canchero, "ahora el arreglo está en garantía así que no tendré que pagar más... Los vuelvo a llamar y que se las arreglen ellos". Iluso de mí.

—Llamo por una heladera.

—¿Es usted pariente?

—No se haga el vivo, mi heladera anda mal.

—¿Y cuánto tiempo hace que está acá?

—No está allá. Está acá, me la trajeron.

—¿Entonces de qué se queja? ¿Sabe cuánta gente quisiera tener una heladera en su casa?

—No se haga el vivo —insistí, la ansiedad no me permitía renovar el repertorio de frases—, la heladera la trajeron, pero no funciona.

—¿Usted la quería funcionando? ¡Hubiera avisado!

—Señor, ustedes son una empresa seria.

—Número equivocado.

—Señor, usted no me entiende, yo quiero mi heladera funcionando.

—Y hace bien, a las heladeras hay que quererlas, porque si no, no funcionan.

—¡Vengan y arréglenla!

—Bueno, no se ponga así, ya va el técnico. ¿Calle?

—Pasaje Braun Menéndez, la Boca.

—Pero mire qué casualidad... Tenemos otro cliente por ahí...

—Grrrr...

—Sale el técnico, va para allá.

Salió para acá. Pero se ve que desde Belgrano el

viaje es largo, porque tardó tres semanas en llegar.

Excusas hubo:

"Lo paró un semáforo"; "le agarró un ataque de pediculosis"; "convalece de caspa"; "una tía del técnico se casó en Uganda, y era la única tía, usted comprende", etcétera, etcétera y ocho mil etcéteras más.

Así es la vida.

La cosa es que, a las tres semanas de producido el reclamo, volvió el técnico, y sin decir "agua va" ni "heladera funciona" se la volvió a llevar. Mi mujer lo maldijo con la mirada y doña Cecilia le dijo unas palabras en idisch que hubieran hecho estremecer a cualquiera menos a esta gente, que se ve que han conocido el terror. Y ahora lo trasmiten.

Pasó una nueva semana sin que la trajeran. La situación no se había enfriado ni por casualidad. Mi mujer me amenazaba con irse a la heladera de su mamá. Doña Cecilia comentó que a su yerno el ingeniero jamás se le descompone la heladera. Pasó otra semana. Mi suegra amenazó con que su heladera se viniera a vivir a casa y ella también. Don Ramos nos traía cubitos que llegaban hechos agua.

Pasó otra semana. Debí comenzar un nuevo psicoanálisis para poder elaborar lo que ya se vislumbraba como una pérdida.

El taller quedaba en la otra punta de la ciudad. Yo insistía por teléfono.

Nuevas excusas:

"Su heladera anda bien, pero estamos esperando que ande mejor, para llevársela." "Ah, ¿era una heladera? ¡Con razón no agarrábamos canal 2!"; "su heladera funciona, como horno a microondas"; "Calle Braun Menéndez..., ¿y eso en qué provincia queda?"

Luego de varios infructuosos intentos, creí que era hora de decirles "¡Alto en nombre de la ley!".

Llamé a un abogado amigo; me emocionó su recibimiento:

—Hermano, querido, ¿qué puedo hacer por vos? ¿te saco de la cárcel? ¿te hago un juicio contra el Estado iraní? ¿Querés que consiga que alguna lotería te indemnice por no haber ganado?

—No, Marcos, nada de eso —le respondí y le expliqué que lo que yo quería era recuperar mi heladera sana y salva. Palideció.

—¿Vos creés en la justicia? —me preguntó.

—Sí.

—Yo tampoco.

Seguí llamando al taller.

—¿Por qué no me traen la heladera, se puede saber?

—Hoy se la llevamos, señor.

—Eso mismo me dijeron ayer.

—No, ayer le debemos haber dicho "mañana se la llevamos".

—No, eso es lo que me dijeron la semana pasada.

—Mire, lo que pasa es que de fábrica no entregan.

—¡Qué cosa no entregan, si mi heladera ya la tienen ustedes!

—Sí, bueno, pero de fábrica no entregan.

—¿No entregan qué?

—Nada, no entregan nada.

—¿Y cuándo me la van a traer?

—Hoy mismo se la llevamos. Déjenos su teléfono que hoy se la llevamos.

—¡Mi teléfono no lo dejo nada! Ya les dejé mi

heladera y miren la mala sangre que me hacen
hacer.

—Yo no sé nada, hable con el encargado,

—Pero ¿no es usted el encargado?

—Yo soy *un* encargado, hable con el otro encargado.

—Ya hablé y me dio con usted.

—Entonces debe ser que hoy se la llevamos, señor. ¿Dirección?

—Braun Menéndez, le dije, usted ya la anotó como cien veces.

—Ah, ya me parecía que eran demasiados clientes en la misma calle. Bueno, no se preocupe que hoy mismo tiene su tocadiscos, señor.

Snif.

II
Cien años sin heladera

Era junio, y todavía no teníamos la heladera. Mi análisis avanzaba, ya iba por la parte en que les pedí a los Reyes Magos una heladerita de juguete y no me la trajeron porque eso era para nenas.

Mi hijito todas las noches lloraba y había que convencerlo de que los fantasmas no existen y las heladeras sí existen.

Finalmente, una soleada mañana de junio mi mujer, doña Rosa, doña Cecilia, su hija la psicóloga y Ramos tomaron ocho colectivos, cruzaron la ciudad y llegaron hasta el pseudotaller-*service* en el que se suponían que tenían prisionera a nuestra heladera (yo no fui porque a esa hora tenía análisis, y mi analista tampoco fue por ese mismo motivo).

Luego de intensas negociaciones volvieron a casa, no sin antes haberles arrancado a los supuestos raptores la promesa de que "el martes que viene tienen la heladera ahí", siendo "ahí" nuestro domicilio particular. Brindamos con champán, caliente.

Y la trajeron, nomás. El martes siguiente la trajeron, la dejaron y se fueron lo más campantes. Habían cumplido con su promesa. Lástima que la promesa no incluía que la heladera funcionase.

Comenzamos a pensar la posibilidad de usarla como "cámara refrigerante de verano para nuestros abrigos". Como cámara podía ser, pero como refrigerante... Entonces se nos ocurrió que el *freezer* venía bien como caja fuerte interina, a cargo de la titularidad de nuestro dinero. Pero el dinero se volaba más rápido que las oscuras golondrinas del otoño. Inútil.

Y en uno de esos días, la revelación: la Guía de Teléfonos, que había llegado puntualmente (en junio, a sólo 6 meses de iniciado el año). Como quien no quiere la cosa busqué el número del *service* oficial al que había consultado, y era otro. El que yo había llamado ni figuraba. Empecé a oler muy feo; el olor venía de la heladera, pero no de adentro. Tomé la Guía anterior (la que había consultado para hacer la llamada) y busqué, busqué y busqué . Mis "humildes servidores", los causantes de mis desvelos y sudores varios figuraban como *services* de todas las marcas, siempre "como si fueran" el *service* oficial.

Volví a llamar a mi abogado de cabecera.

—Marcos —le dije—, se complicó todo. Resulta que me trajeron la heladera pero no anda, además no son el *service* oficial un carajo.

—¿En algún momento ellos te dijeron que eran

el *service* oficial? —me preguntó el muy sagaz, se ve que es abogado.

—No —respondí inocente—, sólo figuraban en la guía con el nombre oficial. ¿Qué pensás?

—Y, por ahí son "*service* oficial retirado" o el "*service* suboficial", o "*service* subtropical sin estación seca", lo que no parece lógico pero tiene el mismo valor legal, para el caso.

—¡Hay que hacerles un juicio! —exclamé.

Y el juicio comenzó. ¡Mi mujer (tenía más tiempo para las audiencias) *vs.* "El sátiro de las heladeras de Villa Ortúzar"! No sabíamos si caratularlo como "ejercicio ilegal de la reparación de heladeras" o bien "fraude por usurpación de títulos, lauros y honores de *service* oficial de electrodomésticos al que habíamos llamado"; o cabía pensarlo como "ejercicio ilegal de la medicina", ya que para nosotros la heladera era un pariente más, a esta altura.

Mi hijito tenía unos celos terribles e insistía en que llamáramos al *service* para que lo arreglaran a él.

Al fin el abogado encontró el cargo adecuado para la demanda: "Intento de heladericidio agravado por ocultamiento de ineptitudes para la reparación, complicado con ejercicio ilegal de la tardanza", a lo que se suman términos latinos tales como "quosque tandem Catilina abutere heladeram nostram"; "heladera jacta est sed non funcat"; "veni tardem, vidi et non vinci" y otras alocuciones que constituyen la base acusatoria en nuestro complejo pero muy legal sistema.

Temimos que la respuesta fuera no menos latina ("lasciate omni speranza, voi cuia heladera rota est", por ejemplo) pero durante un tiempo no pasó nada.

En el juicio, el *service* de mis desdichas reconoció todo menos la paternidad de la heladera. Dijo que él no cometió nada ilegal, que sólo obedeció órdenes, que además todo estaba en garantía y que si le dábamos un tiempito, digamos dos décadas, nos dejaba la heladera hecha un chiche. Vale decir, sólo serviría para que jugara el nene, mientras no jugase a enfriar.

El juez lo miraba, helado. Dichoso él.

III
Nuestra heladera en su laberinto

El juicio se congeló.

Tras un segundo trasplante de motor hecho a nuestro cargo y por un técnico vecino, la heladera comenzó su recuperación. Nos advirtieron, de todas maneras, que jamás volvería a ser la misma. Pero andaba. Su *freezer* mantenía congelados nuestros alimentos perecederos, y nosotros agradecidos. La colmábamos de alimentos cada vez que podíamos, y hasta la acariciábamos, no sin cierto temor de que algún trauma psicológico remanente se expresara de pronto por medio de una patada eléctrica.

Pero al año siguiente, días antes de irnos de vacaciones, mi mujer notó que algo extraño le ocurría a nuestra heladera.

—No sé, la noto como apagada —me dijo un día.

—Enchufála —le contesté en un alarde de sabiduría machista.

Pero no era eso. Nunca es eso, ¿vieron?

—¿Tal vez esté fría, distante, angustiada porque nos vamos de vacaciones y la dejamos abandonada?

—Distante puede ser, pero lo que es fría... —respondió mi mujer—, más bien la veo algo transpirada, caliente.

—¿Caliente, a su edad? —pregunté, al borde del soponcio—. Bueno, llamemos al técnico que le trasplantó el motor, y de últimas, si es necesario, le buscamos una heladera macho para calmarle los calores y ¡listo el pollo congelado!

Pero yo no estaba tranquilo. Llevé el tema a sesión y mi analista me preguntó si no estaba yo proyectando otros aspectos míos sobre mi heladera. Me sugirió que tal vez mi mamá no enfriaba lo suficiente la comida cuando yo era niño, o que alguna noche furtiva vi a mis padres intentando sacar comida de la heladera mientras ellos creían que yo dormía, o algo así.

—Estás antropomorfizando al objeto —me dijo.

—Disculpá, no te entendí lo último, pero ¿podrías enfriarme unos cubitos? —le pregunté, ubicándolo transferencialmente en el lugar de mi heladera (o sea en la cocina), de manera de reparar la herida ya no en mi narcisismo, sino en el *freezer*, que era lo que andaba mal de acuerdo con la selecta opinión del técnico consultado.

Ahora se trataba de una cuestión del gas, de una pérdida a nivel de un caño ubicado justo detrás del *freezer* y bastante arriba del poder adquisitivo de toda mi familia sumada algebraicamente, e incluidas doña Rosa, doña Cecilia y Ramos, que algo iban a aportar, aunque más no fuera para no perderse la historia. A mi analista no lo mangueé, a ver si todavía me aumentaba los honorarios al solo efecto de poder prestarme dinero.

—Mire, dentro de todo, por suerte no es el motor —me explicó el técnico, solícito.

—¿Por qué por suerte? —le pregunté, sumamente interesado en la cuestión.

—Porque si fuera cuestión del motor, que se lo tengo en garantía porque se lo cambié hace unos meses, tendría que hacerme cargo yo, no sé si me explico —me recordó, haciéndome reflexionar *ad hoc* y *sine qua non* acerca de lo azaroso de la suerte, la peculiar naturaleza del género humano, y la maldita costumbre que tienen los electrodomésticos de romperse en las partes no garantizadas.

—Y dígame una cosa —pregunté *ipso pucho*—: dados todos los problemas que tiene, ¿no me convendría jubilarla?

—Depende. ¿A qué caja aportó?

—Autónomos.

—¿Su heladera aportó a Autónomos? ¡Qué mal, usted debía haberle reconocido la relación de dependencia y le hubiera evitado estos problemas!

—No, mire, el que aportó a Autónomos fui yo.

—En tal caso, jubílese usted —me respondió—, ¿no le da vergüenza? ¡Tantos años de laboriosos servicios prestados, y ahora que ya no funciona como debería, por los lógicos achaques de la edad, usted quiere jubilarla y comprarse una nuevita, joven y hermosa! ¡Mire, no la jubile, yo le brindaré un hogar cálido y tierno en el que disfrutar sus últimos años!

La cosa me resultó sospechosa, sobre todo porque el tipo dijo "años" y no "meses" o "días". Además, en casa nos habíamos encariñado con ella. Así que decidimos tenerla en observación. Y la observábamos, a cada rato, a la pobre desenchufada.

Llamamos a otro técnico.

—¡Lo que le dijeron es cualquier cosa, vea! —exclamó el nuevo facultativo—. Lo que le pasa de verdad a esta heladera es que tiene una bruta pérdida de gas por un caño picado detrás del *freezer*.

—Bueno —atiné a responderle—, eso es justo lo que nos habían dicho, ¿cuál es la barbaridad?

—El precio, señor, el precio. Este arreglo no le va a salir un ojo de la cara como le dijeron. Le va a salir los dos más un agujerito de la nariz. Y eso si lo hace hoy, porque para mañana no puedo asegurarle nada...

—Ah, no, yo me compro una heladera nueva.

—¿Y qué va a hacer con ésta, la va a tirar? Mire, hagamos una cosa, no la tire, por unos pesos más, yo me la llevo y le ahorro el desdichado momento de la despedida..

Nuevamente la sospecha y el romanticismo nos invadieron.

Decidimos que la heladera se quedara con nosotros.

—¿Y si la llevamos al hospital? —preguntó mi mujer.

—¿Hospital de heladeras? ¿Cómo se te ocurre que puede haber un hospital de heladeras? —preguntó mi machismo, haciéndome cargo del sentido común que tanto escaseaba en esa casa, sobre todo a partir de que se nos había roto la heladera y no teníamos donde guardarlo.

Hospital lo que se dice hospital no había, pero mi mujer me mostró un aviso que decía:

*NO TIRE SU VIEJO ELECTRODOMÉSTICO
SIN CONSULTARNOS PRIMERO.
TÍRELO DESPUÉS.
ASÍ NOS PAGA EN EL INTERÍN.*

Tanta autenticidad en la propuesta nos convenció. Allí fuimos, esta vez sin consultar a doña Rosa, ni a doña Cecilia, ni a su hija psicóloga, ni a don Ramos. Con la heladera a cuestas de un flete a costas nuestras, nos fuimos.

Llegamos al nosocomio. En la entrada nos sorprendió un cartelito con la imagen de un lavarropas blanco con el cable cruzado pidiendo silencio. Varios técnicos de delantal blanco corrían de aquí para allí llevando camillas con aspiradoras, tocadiscos, radio-grabadores, y hasta un loro a pilas. El encargado nos vio la cara de despiste y se apiadó de nosotros. Nos indicó con la mano hacia donde quedaba la guardia, a la vez que, no pudiendo evitar el ejercicio ilegal de su secreta vocación frustrada nos dijo:

—Denle aspirinas.

Durante nuestra larga espera en la sala de guardia tuvimos una interesante conversación con una joven que estaba allí por su lavarropas. Se trataba de un modelo nuevo de superlujo, que entonaba "Cantando bajo la lluvia" durante el centrifugado, en lugar de "Lambada" como figuraba en el programa. Otra señora, algo madura, había traído a revisar a su vieja tía, quien hacía treinta años que se creía una aspiradora pero últimamente se encontraba algo inapetente, con las catastróficas consecuencias que esto tenía para la limpieza del hogar.

Un joven nos hizo pasar, nos tomó los datos, hizo una historia clínica sumamente detallada, nos preguntó si la heladera tenía obra social, y luego, lacónico, nos dijo:

—Hay que operar.

—Disculpe, doctor, pero ¿operar qué?

—No me discuta, acá el médico soy yo.

—Sí, pero se trata de *mi* heladera.

—Mire, si usted quiere se la lleva, pero yo no me hago responsable.

—¿Y si no me la llevo?

—Tampoco.

—¿Quiere decir que usted me propone operarla, pero no me ofrece garantías?

—¿Usted vio alguna vez un médico que le ofrezca garantías? ¿Alguien le aseguró, por ejemplo, que en los próximos seis meses no le va a doler la cabeza o no se va a resfriar?

—No, pero yo no soy una heladera, doctor.

—Yo tampoco, señor —me contestó.

—Pero mi heladera *sí* que es una heladera.

—Mire, si usted pone las cosas en estos términos no podemos trabajar. Ustedes los parientes siempre igual, siempre los mismos ansiosos.

Lo dejamos hablando solo y huimos, mientras la señora de la tía-aspiradora entraba al consultorio. Pagamos otro flete, y a casa.

¿Y ahora qué?

Pues que nos compramos otra. No es pequeña, ni peluda, ni suave, ni siquiera tiene *freezer*. Pero anda. La vieja y querida heladera quedo ahí, junto a la biblioteca, mirándonos con expresión de cualquier cosa menos de frío. Doña Rosa le está tejiendo una mañanita para el invierno. Doña Cecilia nos preguntó si no se la alquilaríamos a su hija para consultorio. Don Ramos la invitó a jugar al dominó. Mi analista me dice que aún no he podido cortar el enchufe umbilical, pero está contento porque ya no le pido a él que me enfríe los cubitos. Y para festejarlo me aumentó sus honorarios.

EGO TE ABSOLVO

—Padre, he pecado.

—Te escucho, hijo mío.

—Ya me ha escuchado, padre. Le acabo de decir que he pecado. ¿Es usted sordo?

—No, hijo. Lo que quise decir es que estoy dispuesto a escuchar el relato de tu pecado, aunque ya escuché tu confesión del mismo.

—¡Qué complicada que es la religión, padre! No entiendo nada.

—Mira hijo, todo es mucho más simple de lo que crees. Tú me has dicho que has pecado. Ahora me dices en qué consistió tu pecado. Luego yo te doy la penitencia, te absuelvo, y te vas en paz.

—¿Está seguro de poder absolverme, padre?

—Hijo, en realidad no soy yo, sino Él quien te absuelve.

—Y si no es usted quien me absuelve, ¿por qué tengo que contarle mi pecado a usted?

—Porque yo actúo en su nombre.

—Ah, entiendo, usted vendría a ser una especie de intermediario.

—De alguna manera, hijo.

—Y dígame, padre ¿con qué porcentaje de mi pecado se queda usted, en todo esto?

—No blasfemes, hijo, ¡no calumnies en vano! ¿Por qué no me cuentas tu pecado de una buena vez?

—La verdad, no tengo ganas, padre.

—Entonces, hijo, y que Dios me perdone por lo que voy a decir ¿para qué catzo vienes a confesarte?

—No, padre, yo no vine a confesarme. Sólo vine a contarle que he pecado. Mire, yo sé que a ustedes los curas, por alguna razón que desconozco, les interesan especialmente los pecados. Como justo yo tengo uno, me dije: andá a la iglesia, por ahí te dan algo por tu pecado.

—Y claro, hijo mío, te podemos dar la penitencia correspondiente, la absolución, y un poco de paz espiritual para tu alma atormentada.

—Yo me refería a algo más concreto, padre.

—Mira, hijo, los castigos corporales ya no se usan más, no sé qué podríamos darte. Tal vez, si tu pecado fuera muy grande, un retiro espiritual, no sé...

—Pero, padre, ¿quién habla de eso? ¡Yo decía unos dólares, francos, marcos, qué sé yo...!

—Hijo, qué dices...

—Lo que digo es muy simple, padre. Yo le acabo de confesar que he pecado. Usted me dice que le interesa mi pecado, y además, que es una especie de intermediario entre Dios y yo mismo. Entonces, está todo sobre rieles: usted me compra mi pecado y después se lo vende a Dios. Lo que hace usted con la diferencia es cosa suya, a mí qué me importa, el asunto es vivir y dejar vivir... mientras me pague por mi pecado lo que realmente vale....

—Los pecados no valen nada, el mundo está lleno de pecadores, hijo.

—Es cierto, padre, hay mucha oferta, pero la mayoría son truchos, padre. Además, de todos los pecados que se cometen, ¿cuántos se confiesan realmente? ¿Cuántos captan las otras religiones y sectas? ¿Cuántos quedan flotando por ahí, o son guardados celosamente por los pecadores? La verdad, padre, ¿cuánto le sale a la Iglesia cada pecado? ¿Mucho, no es cierto? ¿Se puede vivir de la confesión, hoy en día?

—Hijo, para la Iglesia el pecado no vale nada, te lo he dicho. Lo que vale es el arrepentimiento.

—Pero, padre ¡hubiera empezado por ahí! Le puedo ofrecer mi pecado con arrepentimiento incluido. ¡Claro que es otro precio! ¿Verdad?

—Hijo, tú no entiendes..., eso no se vende ni se compra.

—Ah, usted lo quiere gratis, mi arrepentimiento... ¡Qué vivos, eh! Con razón desde hace 2000 años que vienen progresando así. ¡Se consiguen un montón de pecados, gratis! ¿Usted sabe lo que me cuesta a mí arrepentirme? ¿Cree que es fácil?

—No, hijo. Sé del esfuerzo que implica arrepentirse, y eso la Iglesia lo valora.

—Ahora sí que empezamos a entendernos, padre. Bueno, entonces por el pecado con arrepentimiento incluido, ¿cuánto?

—Mira, hijo, por el pecado no sé qué te puedo dar porque no lo conozco. Por el arrepentimiento, puede haber cierta indulgencia...

—¡Ya está pidiendo rebaja, ya está pidiendo rebaja! No se puede tratar con ustedes...Yo me voy a una sinagoga o a una mezquita a ver si consigo algo, y si no, ¡me hago ateo!

—No digas eso, hijo, tú debes dar crédito a la existencia de Dios.

—Ah, ¿lo que quiere son facilidades de pago? ¿Qué pasa, Dios no puede pagar al contado?

—¡Blasfemia, herejía!

—No, de eso no tengo, pero si quiere le puedo conseguir... tengo un primo contrabandista que trae cualquier cosa...

—Hijo, eso es pecado.

—¡Y qué pecado! De la mejor calidad. Además, padre, si no lo puede pagar hay otras soluciones. Por ejemplo, se juntan varios sacerdotes y hacen un círculo de ahorro previo, los pecados se van adjudicando por sorteo o licitación y...

—Hijo, la Iglesia jamas pagará por tus pecados, eres tú quien debe pagar por ellos.

—Ah, claro, y usted recibe por partida doble, ¿no? ¡Primero me lo cobra a mí, y después lo revende arriba! ¡Usted se llena la sotana de oro como intermediario, y a mí, pobre minorista, que me morfen los piojos! ¡Parece mentira, dos milenios de prestigio, publicidad a rolete, sucursales en todo el mundo! La gente cree en ustedes, ¡cree! ¿Me entiende? Ustedes no le pueden hacer esto a la gente.

—Hijo, nosotros estamos aquí para brindar consuelo...

—Pero yo consuelo ya tengo, padre, lo que quiero es dinero... Déle, llame a la Central, pregunte por la cotización de hoy de los pecados y...

—Hijo, yo puedo evaluar perfectamente cualquier tipo de pecados.

—Y entonces, ¿cuánto me da por el mío?

—¡Basta, sacrílego, fuera de aquí!

—Bueno, padre, no se ponga así, se lo dejo a la

mitad y no le cobro el plus por arrepentimiento...

—¡Fuera! ¡No quiero escuchar!

—Pero padre, usted está aquí para escucharme... Yo soy un pobre cristiano que ha cometido el terrible pecado de ser socialista en su juventud, pero luego me arrepentí y me transformé en polígamo.

—Diez Avemarías, cuatro Padrenuestros y puedes irte, hijo, Ego te absolvo.

—Pero...

—¡Ego te absolvo, dije!

—¡Ufa! ¡Está bien, ya me voy!...

—No olvides dejar algo para los pobres...

GLORIAS Y LOORES

—¿Apellido?

—Arnedo.

—¿Nombre?

—Silvino.

—¿Usted es Silvino Arnedo?

—El susodicho.

—Pero... ¿usted es Silvino "Chiflete" Arnedo?

—Yo soy.

—¡No lo puedo creer! ¡El glorioso "Chiflete" Arnedo en persona! ¡Gómez, Pérez, García, Fioretti, miren quién está acá! ¡El glorioso "Chiflete" Arnedo, un verdadero mito póstumo de nuestro fútbol vernáculo, como dijeron el otro día en la tele en el homenaje...!

—Viviente, mito viviente, si no es mucha molestia...

—Pero no, ¡qué va a ser molestia, don Silvino! Miren, ¡Chiflete Arnedo, un verdadero mito póstumo viviente, mírenlo, está acá, entre nosotros...!

—Sí, yo venía a hacer el trámite de...

—Pero ¡por favor, Chiflete! ¡Délo por hecho! ¡Los mitos como usted no tendrían que hacer trámites! Toda una vida sacrificándose por la hinchada, transpirando la camiseta... para terminar así, haciendo cola como cualquier vecino... ¡No es justo, Arnedo, no es justo!

—Bueno, acá tengo la solicitud que...

—Después, Chiflete, después... ¡Chiflete Arnedo, todavía lo estoy viendo en el homenaje, un verdadero protagonista!

—Bueno, había otros invitados...

—¡Pero usted era el protagonista! Qué vergüenza el conductor del programa, ¿no? Lo deja a usted sentadito ahí, a un costadito y se va a charlar con los más jóvenes ¡ya no se respeta a nadie, no señor!

—Bueno, es que él...

—No lo excuse, Arnedo, no lo excuse... ¡usted es demasiado bueno, Chiflete...! ¡Vengan, muchachos, que acá está Chiflete Arnedo, la gloria vernácula del fútbol póstumo, el del homenaje por la tele!

—No puedo, che, ¡mirá la cola que hay!

—¿Y desde cuándo te preocupan otras colas que no sean las de las minas, a vos? Que esperen, che, que esperen, que acá está la gloria mayor del balompié futbolístico nacional.

—Tenés razón, che, ahí voy...

—¡Arnedo! Tengo la foto de su equipo pegada en mi habitación, al lado de la de la Virgen... ¡Hacían cada milagro, ustedes!

—Y... bueno... yo...

—¡Se acuerda, Arnedo? Otoño del 53... Boca-River... la agarra Musimessi, se la da a Mouriño, largo pase para Angelillo, avanza Angelillo, larga el centrooo... no llega Amadeo, y ahí usted, como un chiflete, de cabezaaaa ¡goooooooooool! ¡Estalla el Monumental!

—No, en ese partido yo no jugué.

—¿Qué le pasó, Arnedo? ¿Cómo fue que justo usted se perdió el clásico? ¿Estaba lesionado ese día?

—No...

—No me diga que se achicó porque no se lo creo.

—Por favor...

—Ya me parecía... ¡Arnedo, gloria y loor, honra sin par, grande entre los grandes, padre del área...!

—Gracias, gracias...

—Usted merece eso y mucho más, pero, cuente, cuente, ¿por qué no jugó ese día?

—La verdad es que yo nunca jugué para Boca, ni para River... Muchacho, usted que recién llegó, mire... tengo la solicitud que llené y...

—Olvídese del trámite, Arnedo, ya está hecho. ¿Así que nunca jugó en Boca? Sin embargo, el animador dijo... "Vistiendo *la azul y oro...*"

—De Arsenal de Lavallol, de Arsenal de Lavallol...

—Ah, claro, eran los duros comienzos de un mito sin igual. Empieza en un cuadro chico, transpirando la camiseta domingo a domingo, sólo por el honor. De pronto, un empresario lo ve, y ahí la consagración... ¡Che, Gorostiaga, dejáte de joder con la cola esa y vení... Mirá, acá está Arnedo, el que volvía loca a la defensa rival con ese juego de cintura tan rápido como el viento que le decían "Chiflete", ¡Vení, Gorostiaga, dejáte de joder!

—Ehh, yo nunca tuve mucha cintura, siempre fui más bien gordito...

—¡Qué humildad, Arnedo, qué humildad! Así

son los grandes, las glorias futbolísticas de la idiosincracia póstuma vernácula, como decía el de la tele... Ahora no hay nadie así, no queda gente como usted, ¡sírvase un cafecito!

—Bueno, si no es mucha molestia...

—Pero, ¡qué va a molestar usted, Arnedo! los que molestan son éstos, siempre los mismos, siempre haciendo la cola, siempre pidiendo papeles. Mire, ¿ve ése que está ahí, el segundo? Bueno, le está haciendo un juicio por usurpación de terreno a Pedro de Mendoza...

—Claro, Arnedo, acá siempre viene gente que no tiene nada que hacer, no las glorias póstumas como usted...

—Gloria viviente, señor...

—Gutiérrez, mucho gusto. No sabía que se llamaba así, creí que se llamaba Silvino.

—Me llamo Silvino.

—Bueno, es lo mismo, lo importante es que estuvo en la tele, en el homenaje... ¿Cómo era jugar con Amadeo, Chiflete?

—No sé, nunca jugué.

—Claro, no escuchaste que en esa época él lucía la azul y oro de Arsenal... de Arsenal... ¿para qué Arsenal jugaba usted?

—Lavallol, Arsenal de Lavallol.

—Ah, sí, disculpe, Arnedo, pero hay tantos arsenales últimamente que uno no puede estar en todo, tampoco. Bueno, entonces estábamos en que usted iniciaba su gloriosa carrera deportiva. Después, en los 60, un club grande, el triunfo final, el fútbol espectáculo, la fortuna, las mujeres...

—No, si yo me retiré en el 56, jugando para Arsenal de Lavallol.

—¡Qué ejemplo! luego de haber triunfado en el fútbol grande, de haber hecho escuela en Europa, vuelve al club de sus comienzos... ¡cuántos deberían imitarlo, Chiflete! ¡Esos tiros de casi media cancha, al ángulo, que dejaban parada a la defensa y al arquero, hasta a la tribuna! ¡El mortero de Lavallol, le decían!

—No, ése era Bernabé Ferreira, *el mortero de Rufino.*

—Ah, sí, él era el mortero y usted el chiflete. ¿Y qué tal era jugar con Bernabé Ferreira?

—Y no sé, yo nunca jugué contra él, era de otra época.

—Bueno, cuéntenos algo del fútbol grande, Arnedo.

—¿Y qué quiere que le cuente?

—Qué sé yo, usted debe tener tantas anécdotas.

—Me acuerdo una. Era un partido de Boca en la Bombonera. La llevaba Boyé, se escapó por la derecha, mandó el centro a la olla, la agarró Severino Varela de cabeza y ¡goooool! ¡Qué golazo, cómo lo grité!

—¿Usted gritó un gol de Boca? ¡Qué hidalguía, Arnedo! ¡Qué caballerosidad deportiva! Esto de gritar un gol del equipo contrario porque fue un golazo supera los límites de la nobleza en el campo de juego... Es para contárselo a sus nietos, Arnedo.

—No, qué equipo contrario, yo era de Boca...

—¿Cómo? ¡Si recién dijo que nunca jugó en Boca!

—Jugar nunca jugué. Pero yo era hincha de Boca. Y ese domingo yo estaba en la tribuna. Había ido desde Lavallol para verlo. El domingo a la mañana, agarré unas milanesas y...

—Pare, Arnedo, pare con las milanesas que después no nos dejan salir a almorzar... Escuche, Arnedo ¿por qué no nos cuenta una anécdota suya, una que haya protagonizado usted?

—¿Mía?

—Vamos, Chiflete, no se pase de humilde, usted es una gloria y loor del fútbol balompié, un monumento a la pelota póstuma. ¡No me va a decir que no tiene anécdotas de cuando jugaba al fútbol grande, en la selección! ¡Defilippis, mirá quién está acá, Arnedo, el del homenaje en la tele!

—¿Quién, che?

—"Chiflete" Arnedo, el del homenaje por la tele. ¿O no ves la tele, vos?

—Dejáme laburar, che.

—Siempre el mismo bolastristes, éste. Laburás, no ves la tele, ¿para qué vivís? ¿No serás comunista, vos? Discúlpelo, Chiflete, ése es un resentido, un elemento disociador, un foráneo. Déjelo, Arnedo, que se mate con flit, que se mate. Déle, cuente una de River, o de Racing, o aunque sea cuéntese una de Argentinos Juniors, que también debe tener lo suyo.

—Muchachos, yo solamente jugué en Arsenal de Lavallol... ahora, si miran mi solicitud...

—Y dale con la solicitud, y dale con la solicitud... ¡Usted es un ejemplo, Arnedo! Nunca dejó al club de sus amores, a pesar de haber sido tentado por Boca, Juventus, Mitsubishi... ¡eso es amor a la camiseta!

—Bueno sí, una vez vino un alemán al club, pero no sabía que era por mi pase...

—Seguro que el alemán lo vio jugar y dijo: "A éste yo me lo llevo a Europa".

—No, debe haber dicho "Este ia me lo chevo Eurropa! ¡ja, ja, ja!

—No creo...

—Qué humilde, usted sí que no se cura más...

—Lo que pasa es que este alemán era el dueño de la cervecería de al lado... Hacía publicidad en la cancha, creo que vino por eso.

—Está bien, Arnedo, una de la selección nomás y lo dejamos tranqui, ¿sí?

—Muchachos, y si ven mi solicitud...

—¿Cómo era jugar en la selección, Arnedo?

—Y... no sé... nunca jugué...

—¿Nunca jugó en la selección? ¿Nunca se fue de Arsenal de Lavallol? ¿Entonces por qué le hicieron el homenaje, Arnedo?

—Ehh... el homenaje era a Loustau. Lo que pasa es que, de pibes, fuimos compañeros de banco, en cuarto grado. Por eso fui. Después, la vida nos separó. Pero los de la tele buscaron a todos los que tuvieran algo que ver con el ídolo. ¿Hacemos el trámite, muchachos?

—¿De qué es la boleta, abuelo?

—Arnedo, Silvino Arnedo.

—Sí, abuelo.

—Autónomos, jubilación...

—Ah, no. A esta hora ese trámite ya no lo hacemos. Viene mañana de 6 a 8, pero mejor viene a las 5, ¿vio? Pasa por la ventanilla 8, ahí le dan un papelito rosado que no tiene que perder por nada del mundo, con ese papelito retira un número gris. Por ese número lo van a llamar para decirle cuándo tiene que volver a buscar su solicitud para iniciar el trámite que...

—Pero todo eso ya lo hice, y tengo la boleta que...

—Esa boleta está vencida, ¿no ve que vencía hoy a las 14?

Arnedo se fue, cabizbajo. Pero con el orgullo en pie. Por lo menos, no tuvo que decirles que le decían "Chiflete" porque cuando él entraba, la tribuna chiflaba.

IN MEMORIAM

I

Fue Calistenio; sí, creo que fue Calistenio, al que entre los camaradas llamábamos Alfredo, quien me llamó de urgencia para comunicarme en código que habían detenido al "Pidió".

Elpidio Ruiz, alias "Pidió" (sus padres le pusieron así el día que aprendió a controlar esfínteres). También conocido como Ruizinho, Elpi, Comandante Elpidio Ruiz, Comandante Ruiz; Ruiz, Elpidio (este seudónimo lo usaba solamente para cumplir con trámites administrativos), Pidiorruiz, o simplemente "El" (seudónimo que usaban los que aún no lo conocían personalmente). Y ahora, el Comandante había sido atrapado por las autoridades gubernamentales en las orillas del Lago Cocoa, África Accidental.

Para ubicarnos en el tema, hay que saber que este lago tenía una particularidad: sus aguas eran de un extraño tinte achocolatado con leche (por eso el nombre Cocoa).

Fue allí, al hábitat primigenio de esas tribus

omnívoras, cosmopolitas y hemocitopoyéticas, que
había ido el comandante Pidió a sembrar la semilla
del hombre nuevo, las ideas revolucionarias, y un
poco de cacao que había obtenido como premio por
sus servicios a la revolución cuando fue lo de la guerra contra los *comics* imperialistas.

Y ahora habían detenido al Comandante. Los
compañeros de la brigada decidimos una reunión
urgente que se llevaría a cabo en la casa de Tamara
(alias Teresa). A mí me tocó llevar las masitas secas.

—Perros fascistas —comentó Ernestoché (alias
Pedro).

—No sabía que había intervenido la brigada canina en la detención del comandante Pidió
—dije—, por ahí podríamos llevar la protesta mundial a través de la Sociedad Protectora de Animales,
Fracción carne roja.

—Cállate, camarada —me autocriticó el camarada jefe—, los perros fascistas son los hombres que
detuvieron al Comandante. No se dan cuenta de que
con él están hipotecando su futuro.

—Claro, porque Ruiz es el hombre que podría
llevar la revolución a Cocoa, con un futuro de paz,
felicidad, canciones y el hombre nuevo, el hombre
nuevo saludando a sus camaradas mujeres, convi-
viendo con sus camaradas perros, comiéndose a las
camaradas lechugas...

—No, no es por eso que hipotecan su futuro. Lo
que pasa es que los que capturaron al Comandante
formaban la brigada anti-Ruiz, y ahora se quedaron
sin trabajo.

—Esto hace más gloriosa aún la figura del
Pidió. No sólo era un comandante revolucionario,
sino también una fuente de trabajo —comentó

Calistenio, a quien conocíamos por el alias de Alfredo.

—No entiendo —la camarada Teresa, cuyo nombre real era Tamara, tenía sus dudas.

—Es otra de las contradicciones del capitalismo —le explicó el jefe. No en vano era el jefe. Siempre tenía la respuesta precisa a nuestros interrogantes.

—Tenemos que demostrar que el Comandante Ruiz no ha muerto en vano —casi declamó Ernestoché—. ¡Nuestra respuesta debe ser ejemplarizadora!

—Mira, Pedro —el camarada jefe estaba un poco enojado al pronunciar estas palabras—, nadie, pero nadie en el mundo cree que el comandante Ruiz haya muerto en vano. ¿Y sabes por qué? ¿Acaso sabes por qué?

—Porque su proyecto revolucionario y su trayectoria son admirados por los hombres, llorados por las mujeres e incluidos en los cuentos infantiles —respondió Ernestoché (Pedro).

—No, camarada, es porque el comandante Ruiz ha sido detenido, no muerto.

—Ah, entiendo, quieren ocultarnos que está con vida.

—No, salió en todos los diarios —esta vez fue Calistenio quien aclaró la cosa—. En algunos fue nota de tapa, en otros, titular de la sección deportes, y en otro, parte de la sección "Créase o no".

—¿En los diarios? —preguntó Tamara—. Entonces debe ser mentira, los diarios nunca dicen la verdad.

—Esta vez sí —sentenció el camarada jefe—. Elpidio Ruiz está detenido y pronto será juzgado. ¿Qué hacemos?

—Yo propongo ir a rescatarlo —dijo Ernestoché.

—Imposible —respondió el camarada jefe.

—¿Por qué, no está dentro de las líneas de acción de nuestro partido? —preguntó Tamara.

—Algo así —comentó el camarada jefe—. Les voy a decir un secreto que obviamente no deben propagar. La misión del comandante Elpidio Ruiz era tan secreta que nadie en el partido sabe dónde queda en realidad Cocoa. Un grupo de geógrafos simpatizantes ha intentado localizarla, pero lo máximo que obtuvieron fue una bolsa de chocolate en polvo.

—Bueno, en tal caso, podemos emitir un documento.

—Y leerlo, y discutirlo, y llegar a una conclusión, y luego emitir otro documento en el que conste nuestro acuerdo, documento que a su vez será leído y discutido, y así sucesivamente, hasta la eternidad; ¿no te das cuenta de que sólo nosotros leemos nuestros documentos?

—Tienes razón, camarada jefe. Nuestros documentos nunca fueron *best-sellers*. Pero, digo yo, ¿y si hiciéramos un afiche? Un afiche de gran contenido sociopolítico, que haga que la gente se detenga a leerlo, a reflexionar, a adquirir conciencia popular y revolucionaria. Una sola frase que lo diga todo. Un dibujo, una imagen y...

—¿Y qué?

—Y que si gusta por ahí después nos encargan otro, y otro más, y zafamos —comentó Tamara.

—La camarada Teresa está necesitando algo de autocrítica —comentó el camarada jefe—; la publicidad es una de las armas estratégicas más sangrientas de la sociedad de consumo capitalista.

La camarada Teresa fue al baño a hacerse la autocrítica en forma privada, y nosotros aprovechamos la pausa para comer algunas masitas secas.

Volvió Tamara (Teresa, ya lo saben).

—¿Hacemos el afiche? —preguntó Ernestoché (alias Pedro, ¿recuerdan?).

—Parece que el camarada Pedro no está al tanto de los pobres recursos con que cuenta nuestra organización y estuviera dispuesto a dilapidar alegremente el dinero que tanto sudor le ha costado al pueblo arrancar de las garras patronales —cuando el camarada jefe se ponía así, la cosa venía densa.

—¿Y si hacemos un poema? —pregunté.

Silencio. Se conmovieron por mi vena poética, mi inquebrantable decisión de servir a las causas populares más allá de los inconvenientes presupuestarios. Total silencio conmovedor. Sólo se oían los dientes de los camaradas masticando las masitas que yo había llevado, como forma de rendir un digno homenaje a mi propuesta sin idolatrar mi persona.

—¿Un pobemah? —preguntaron a coro expeliendo miguitas

—Sí, un poema que se haga canción, para que luego la canción se haga pájaro y vuele por el mundo. Y luego aterrice y vuelva a ser canción, pero en otro lado, y que la cante todo el mundo y se escuche un único y universal camarada coro entonando nuestras palabras, y...

—Bueno bueno, camarada, ya basta —me frenó el camarada jefe—. Mira, camarada, una de dos, o detienes tu discurso aquí o traes más masitas secas.

—Eso —dijo Tamara— que al fin y al cabo es mi casa.

—¡Mi casa, mi casa, y no me dejan dormir! —se

dejó oír la voz del padre de nuestra camarada— ¡y mañana tengo que entrar al laburo a las 6 de la mañana!

—¡Siempre los mismos argumentos capitalistas! ¡Qué alienación, qué fetichismo, qué expoliación! —el camarada jefe se lamentó por el triste destino del proletariado en general y el del padre de nuestra compañera de militancia en particular. Y luego siguió, dirigiéndose a mí: —¿Qué poema imaginas, camarada?

Yo me puse algo colorado, pero me animé:

> *"Con tu idea directriz*
> *Comandante Elpidio Ruiz*
> *llevaste la mecha viva*
> *a las tierras primitivas*
> *¡pido gloria, honores, loas*
> *para el mártir de Cocoa!"*

—Pero, si el "Pidió" no está muerto, sino detenido, ¿por qué decís "mártir"?

—¿Ah, y estar en la cárcel capitalista te parece poco martirio? ¿Te gustaría acaso?

—Vea, camarada —¡horror, el camarada jefe me trataba de usted, la autocrítica sería durísima!— lo de escribir un poema laudatorio, vaya y pase; que sea laudatorio de una persona, y no de las masas sudorosas es también perdonable, porque históricamente está comprobado que los líderes son buenos hasta que dejan de serlo. Pero esto de tratar de mártir a un prisionero, y no hablar de la majestuosidad de su caída, del heroísmo demostrado al entregarse vivo, del hermoso gesto con que el comandante deberá sufrir y resistir con actitud revolucionaria y proletaria las barbaridades de que día a día su cuerpo y su mente serán testigos cuando no víctimas, ¡eso no puede ser! ¿Cómo no hablar, camarada, de lo afortunado que resulta ser un ejemplo para los pueblos del mañana? ¿Y el devenir histórico, dónde lo dejó, camarada?

Me fui al baño, no en busca del devenir histórico, sino a corregir mi poema. Cuando regresé, no quedaban casi masitas,

—¿A ver, camarada? —me preguntaron.

¡Oh, estaban todos ansiosos por mí!

Leí:

> *"Comandante ¡qué brutal!*
> *enfrentar al tribunal*
> *te interrogará el fiscal*
> *te harán proceso penal.*
> *Más allá de cualquier mal*
> *tú irás firme hasta el final.*
> *Ellos te creen vencido,*
> *con tu heroísmo perdido*
> *pero una noche, en canoa,*
> *escaparás de Cocoa.*
> *¡Que tu ejemplo sea estudiado,*
> *por todo el proletariado!"*

—Interesante —comentó el camarada jefe—, lo único malo es que delata un posible plan de fuga del Comandante. ¿Y si lo llegan a atrapar gracias al poema?

—No sería la primera vez que una revolución falla por eso —comentó Calistenio—, los agentes capitalistas conocen nuestra costumbre de hacer poemas adelantando la liberación de los pueblos, y muchas veces se adelantan a nuestros actos.

—Sí, mejor saquémosle los dos versos conflictivos y sigamos discutiendo dentro de tres días.

II

Sólo pudimos reunirnos al cabo de una semana, porque en el interín el camarada jefe tuvo que rendir Sociología I. Nos encontramos nuevamente en casa de Tamara, y a mí me tocó llevar cigarrillos para todos. Antes de discutir las modificaciones a mi poema, el camarada jefe realizó una autocrítica, ante la admiración de todo el grupo.

—Ustedes, leales camaradas, podrán sentir algún tipo de resentimiento frente a mi decisión de aplazar la reunión, que debíamos haber tenido hace ya cuatro días, hasta hoy —dijo—, sobre todo teniendo en cuenta la gravísima situación que la originó. Lo admito. Pero, camaradas, éstas son, y no otras, las alternativas que nos ofrece el sistema burgués; uno no puede dar exámenes cuando lo necesita, sino cuando los representantes educacionales del imperialismo así lo deciden. La culpa de la tardanza, por lo tanto, no es mía, sino del capitalismo, para quien pido el más enérgico repudio.

Repudiamos al capitalismo en forma acorde con la situación. Ernestoché llegó a escupir. Y allí apareció el padre de la camarada Teresa (que como saben, se llama Tamara) acompañado de su madre (su, de Tamara, no del padre, de quien era la esposa, la madre), quien nos recriminó a los gritos:

—¡Pero quiénes se creen ustedes que son para armar este bochinche en mi casa! ¡Se van ya mismo de aquí, vamos, rapidito!

Nos fuimos mascullando nuestra bronca entre dientes, mientras fumábamos los cigarrillos que yo había llevado.

III

Tardamos varios días en poder realizar la siguiente reunión. No encontrábamos un lugar seguro. Finalmente acordamos en que se realizara en un bar de las cercanías. Cuando nos encontramos, el camarada jefe pidió juicio revolucionario para el padre de Tamara, pero finalmente cedió ante el pedido de clemencia de la hija del sujeto en cuestión, y en lugar de la condena a muerte en suspenso que se preveía, sólo decretó la expulsión del hombre de las filas del partido. Surgió entonces un inconveniente para poder ejecutar la pena: para poder expulsarlo, primero había que afiliarlo. El camarada jefe le encomendó la misión a la camarada Teresa, y allí terminó el caso.

Entonces yo tomé la palabra para denunciar una campaña en mi contra que se estaría llevando a cabo dentro de las mismas filas de nuestra agrupación. Esta campaña se desarrollaba, por un lado, a partir de la tardanza en discutir mi poema sobre el Camarada Comandante Ruiz; y por otro, en que siempre me tocaban a mí las misiones más peligrosas y onerosas, como en este caso, la de traer masitas secas a un bar, a riesgo de ser detenido por su aparato represivo (dos mozos y el cajero), y con el consecuente debilitamiento que este tipo de tarea traía a mis de por sí magros recursos.

El jefe me escuchó en silencio y luego me sugirió que dejara los planteos individualistas en un momento como ése. ¡Ya tendría yo masas cuando llegase la revolución!

Decidí hacerle caso en honor a la unidad popular, saqué el paquete de masitas sin que el mozo me viera, y ofrecí su contenido a mis camaradas, ante el beneplácito de todo el grupo que veía en mí a un camarada ejemplar, al que volvieron a homenajear con el silencio y la digestión.

—Hay noticias que obligan a dejar el poema de lado —dijo el camarada jefe, gravemente—. Ya ha comenzado el juicio al Comandante Ruiz. Esto se agrava día a día, camaradas.

—Podríamos condenar este juicio como una burda maniobra del *apartheid* fascista —sugirió Calistenio (o sea, el camarada Alfredo)—. No olviden que el gobierno de Cocoa es negro, y el comandante sólo una pobre víctima blanca.

—No creo que funcione —comentó Ernestoché—, además, se opondría a la tesis de uno de nuestros artículos sobre el tema: *"Mano y contramano del apartheid"* en el que decimos que la discriminación tiene un solo sentido, hacia los negros.

—Bueno, entonces rehagamos el poema teniendo en cuenta los últimos acontecimientos. ¿Cómo va el juicio?

—Complicado, ¡pidieron la pena de muerte!

—¡Fiscal hijo de puta!

—No, camarada, la pena de muerte la pidió el defensor que puso el partido —explicó el camarada jefe—. A ver si nos entendemos: el fiscal pide varios años de prisión en cárceles burguesas, ¿para qué? Para que la gente se olvide del Comandante Ruiz, para inutilizarlo como ejemplo para las masas.

Nosotros, en cambio, queremos liberarlo de esa absurda condena. ¡Liberarlo para siempre, hacer de él un líder, un mártir, un inolvidable!

—¿Y el comandante qué dice?

—Que le cambiemos el defensor. Pero eso no entra en el poema, ¡eh!

—Bueno —dije—, a ver qué les parece. —E improvisé...

"Quiero alzar mi voz calícea
y denunciar la injusticia
la vileza y el cinismo
que impone el capitalismo:
quieren hacerse los buenos
y arrebatar héroe ajeno.
¡Pero no nos detendremos,
en la cuerda te veremos!
Tu muerte no será en vano
será por tu pueblo hermano.
Ya no es mi voz un murmullo
sino del pueblo el orgullo,
que canta ¡pobre infeliz
comandante Elpidio Ruiz!"

—¿Qué quiere decir calícea?

—Bueno, eh... exactamente, yo... ¡es un neologismo, por la rima!

—Dejemos eso de lado, camaradas. Creo que el autor ha acertado dejando de lado la pequeña falla humana del Comandante Ruiz, quien como sabéis, quiso contratar un abogado privado. Es algo comprensible en alguien que ha caído prisionero del peor enemigo que existe, pero por el bien del pueblo y la dignidad del propio comandante, no hay que mencionarlo. En cambio, noto cierta falla sobre el final, con eso de "pobre infeliz"; ¿cómo te atreves a decirle "pobre infeliz" a semejante héroe?

—Bueno, es un verso de la marcha fúnebre. Además, rima con Ruiz.

—La revolución no puede detenerse en esos detalles estéticos, camarada. Otra masita, por favor.

—Pero es que viene el mozo.

— La revolución está más allá del mozo. Está en el proletariado.

—El mozo es proletario.

—Pero está al servicio de la burguesía.

—Bueno, al servicio está.

—Shhh, escuchen la radio:

—"...*En la lejanísima República Levemente Independiente de Cocoa condenóse hoy a Elpidio Ruiz a la pena de treinta años de cárcel, excarcelables bajo fianza consistente en cuatro kilogramos de cacao edulcorado en polvo, o bien doce litros de bebida cola efervescente...*"

—¡Lo han hecho, los muy cretinos!

—¡Quieren destruir nuestra agrupación, mostrarnos como corruptos!

—Che, cuatro kilos de cacao, ¿no podríamos conseguirlos y liberarlo de una vez?

—Camarada Teresa, haré como si no hubiera escuchado sus palabras —rugió el jefe.

Yo me di cuenta de que la cosa estaba densísima, y propuse otro poema-homenaje para salvar a Tamara, que además todavía no había logrado afiliar a su padre a pesar de haberlo llamado por teléfono:

"Camarada Elpidio Ruiz

no doblaron tu cerviz
seguirás de nuestro lado.
¡No daremos el cacao!
Tu figura es acicate
aunque los yankis nos maten.
¡Tu verbo en el pueblo late
bañado de chocolate!"

Visiblemente emocionados, los camaradas se fueron a sus casas.

IV

Casi un mes después volvimos a reunirnos. La situación del "Pidió" Ruiz no había cambiado demasiado. Y —como a las cosas que permanecen— tendíamos a olvidarlo. Por otra parte, todo se ponía más difícil para nosotros; el gobierno, en una típica maniobra persecutoria, nos restringió los subsidios artísticos de los que vivíamos, bajo pretexto de que no habíamos estrenado obra alguna esa temporada (nuestro partido, como sabréis, escondía su condición revolucionaria bajo la forma de un grupo teatral experimental). ¡Cosas de la justicia burguesa, ya la conocemos todos muy bien!

De modo que estábamos apesadumbrados, sin saber qué hacer.

—¿Y si asaltásemos un banco?

—No entra dentro de las tácticas de nuestra agrupación —dijo el camarada jefe, que además estaba por recibirse y no quería dar la última materia en la cárcel.

—¿Y si trabajásemos en una fábrica?

—¿Alienar nuestra fuerza de trabajo, servir a un patrono-burgués imperialista? ¡Eso sería traicionar al pueblo! —rugió Ernestoché.

—¿Y si pusiéramos nuestra propia fábrica?

—¿Nuestra propia fábrica? ¿De qué?

—Chocolate, chocolate marca "Elpidio Ruiz" en honor al caído.

Y allí se sintetizaron dialécticamente, tal como lo explica la teoría, la tesis y la antítesis que estábamos viviendo.

—"¡Chocolate Elpidio Ruiz, para los hombres y para la historia!"

—"Chicos: ¡coman chocolate Elpidio Ruiz y tengan fuerza para hacer la revolución!"

—¡El partido pone la materia prima, y nosotros la comercializamos!

—¿Y la plata?

—Eso no te preocupes, hay muchos militantes golosos.

—¡Hecho! Y entonces sí, surgió estentóreo mi poema:

*"Tu verbo en el pueblo late
bañado de chocolate."*

¡CUIDADO CON EL PARAGUAS!

No sé si de puro paranoico, o de realista nomás, pero me preocupa sobremanera el hecho de que en estos tiempos en que los científicos están investigando los virus, las bacterias y tantos otros organismos que azotan a la humanidad, nadie haya echado luz acerca del terrible flagelo de los paraguas.

Aparentemente inofensivos, los paraguas son en realidad agentes causales de numerosas enfermedades. Tal vez la más grave sea la pérdida de parte (la mitad, para ser exactos) de la visión, como consecuencia del contacto agudo y repentino entre la punta del objeto causal portado por el señor que subió antes que nosotros al colectivo (portador sano, podríamos llamarlo) y nuestro pobrecito ojo. Frente a casos como éste no hay profilácticos que valgan, y las únicas medidas de precaución que pueden tomarse son:

a)   usar anteojos, o
b)   no tomar ningún colectivo en días de lluvia.

Para una mejor comprensión del tema, vamos a aclarar algo acerca de las características del aparatejo en cuestión.

Los paraguas se dividen en dos grupos:

a) los que se pierden y

b) los que se rompen.

Hay, además, algunas variantes:

c) los que, una vez perdidos, se le rompen a quien los encontró;

d) los que, una vez rotos, son perdidos en alguna casa de reparación de paraguas.

El grupo a) incluye subgrupos:

a.1.)Los paraguas olvidados en casa de amigos, amantes o visitantes ocasionales (pérdida afectiva);

a.2.)Los paraguas que amigos, amantes o visitantes ocasionales (pero... ¿cuál de ellos?) olvidan en nuestra casa;

a.3.)Los paraguas que amigos, amantes o visitantes ocasionales se llevan por error, confundiéndolos con los propios, para luego descubrir que pertenecían al grupo b)... pero entonces nunca los devuelven porque les da vergüenza.

La clasificación podría seguir, pero tal vez valga la pena hacer un alto y reflexionar un poco acerca del origen mismo del problema. Tal vez la personalidad psicopática y escurridiza, hostil y traicionera que ha llevado a los paraguas a ser "el peor amigo del hombre" se deba a los puntos oscuros que hay alrededor de su nacimiento.

Hay quienes dicen que los chinos usaban paraguas para protegerse de los ladrillos que caían durante la construcción de la Gran Muralla; otros aseguran que los egipcios fueron los primeros en usarlos y los hebreos fueron los primeros en crearlos al solo efecto de vendérselos a los egipcios como instrumento anti-lluvias. (En Egipto no llovía nunca, y cuando los egipcios se dieron cuenta, los hebreos tuvieron que salir corriendo, encabezados por Moisés.) Otros dicen que el paraguas fue un invento de los que le quisieron hacer competencia a Noé (y fallaron). Según ciertos estudiosos, a los paraguas los trae la cigüeña de Taiwán. No falta quien les adjudique nacionalidad argentina y diga que French y Beruti repartían paraguas aquel lluvioso 25 de mayo de 1810. Y, como todo aquello a lo que se le atribuye origen argentino, para otros el paraguas es uruguayo.

¿La verdad? Una incógnita.

Si comenzamos este estudio considerando los paraguas como objetos patógenos, debemos decir que otra de las enfermedades que trasmiten los paraguas es la gripe. Y como contracara, el ridículo. ¿Cómo es esto? Muy simple: si antes de salir de su casa un día nublado usted no lleva el paraguas, fija que llueve a cántaros y usted se engripa. Pero si usted lo lleva, habrá un sol radiante y la gente lo señalará por la calle riéndose. Bueno, no toda la gente será tan agresiva: algunos NO se reirán de usted y ocultarán sus propios paraguas de la vista de los demás.

Ahora que hemos despejado algunos puntos acerca del origen, la patogenia y la toxicidad de los paraguas, tal vez haya que alertar a la población sobre la epidemiología. Los paraguas suelen actuar con mayor virulencia en los días de lluvia, y su pérdida suele ser sumamente contagiosa. Ejemplo: Juan pierde su paraguas en casa de Pedro. Pedro cree que el paraguas es de Roberto, quien, habiendo perdido el propio, toma el paraguas de Juan en un momento de urgencia y lo pierde en un colectivo. Allí lo encuentra don Joaquín, quien a su vez lo olvida en el almacén, donde un niño lo usa para jugar a la canoa y lo rompe al primer intento. Lo tira, roto, a la calle, y con él tropieza Juan, que venía distraído intentando protegerse de la lluvia con las manos, ya que, como sabemos, había perdido su paraguas.

Por su parte, la rotura del paraguas desencadena estados gripales (ya mencionados), choques entre personas, estrés y malestar general.

Una de las complicaciones de este cuadro, que merece un capítulo aparte, es el estado agresivo que se produce si, por error, uno lleva a arreglar el paraguas en lugar de descartarlo y comprarse otro. El paragüero le receta unos días de reposo (al paraguas, no a uno), y cuando uno va a retirarlo, tras haber pagado se encuentra con un paraguas no dado de alta sino más bien en terapia intensiva.

—Señor, este paraguas no funciona, está roto —dice uno.

—¿Por qué dice eso? —ése es el paragüero.

—Porque no funciona, porque no se abre, ni se cierra, porque yo toco el botón del automático y lo único que se oye es un ruidito que parece una risa.

—Ah, qué interesante su diagnóstico —dice él. Y después le dice indignado a un interlocutor invisible, tal vez otro cliente que jamás tendrá: —¡Pero mirá lo que tengo que escuchar! ¡Yo voy ocho años a la facultad, me quemo las pestañas estudiando, para que después el señor venga y me diga que el paraguas está roto!

—¿Ocho años estudiando para arreglar paraguas? —quiere saber uno.

—No, en mis ratos libres soy arquitecto —explica—. Lo que pasa es que eso está parado, con la crisis, ¿vio?

Uno está a punto de enternecerse y compadecerse del hombre cuando se da cuenta de que todo es un truco. Mentira, este tipo no es arquitecto, seguro que es psicólogo y está aplicando sus conocimientos para que yo me vaya con el paraguas roto, y convencido de que todo es por mi culpa, de que el problema no está en el paraguas sino en mí que todavía no aprendí a controlar las aguas, y que me vendrían muy bien dos sesiones semanales de psicoanálisis para aprender a reparar mis objetos, paraguas incluido.

Sólo atino a murmurar:

—A mí me parece que está roto.

—A usted le parece, a usted le parece..., pero este paraguas está mejor que nunca. Mire, lo revisamos, le pusimos nafta y aceite, le cambiamos el distribuidor, le instalamos la antena satelital, le dimos antibióticos, le fortificamos el frulite, le cambiamos el control de cangurrias, le retocamos la paragoya y le ajustamos el chambuque. Ah, me olvidaba, por supuesto, todo eso le va a salir unos pesos más que lo que le pasé el otro día, claro.

Y uno saca sus ahorros, paga, y se va feliz con su paraguas con frulite fortificado y control de cangurrias nuevo. Qué importa que en el negocio de al lado vendan paraguas asiáticos por centavos. Vaya uno a saber quién le habrá controlado las cangurrias a ésos. Además no es lo mismo perder o romper un paraguas europeo con frulite nuevo que un paraguas taiwanés. Psss, otra categoría. Así que uno se va lo más contento como adulto con paraguas nuevo.

La alegría le dura hasta que caen las primeras gotas. Ahí, uno trata de abrir el paraguas, y se le parte en dos. Y no es que entonces uno se quede con dos paraguas más chiquitos. No. Uno se queda con la parte que no sirve para cubrirse (el palo), mientras el resto vuela por algún lugar de la ciudad, del país, del universo. Uno lo corre, lo persigue, le mete el palo en el ojo a un semejante que corría por ahí tal vez persiguiendo a su propio paraguas, se trepa a árboles, mete los dedos en extrañas rejas municipales, pero al final recupera el resto del paraguas, consigue un taxi, y mojado, mojadísimo, y enojadísimo, se dirige raudo al taller del falso arquitecto falso paragüero.

—¡Usted no me arregló nada! ¡El paraguas está roto, más roto que nunca! —grita uno desde lo más siciliano de su personalidad.

Él ni levanta la cabeza.

—El paraguas está bien; lo que pasa es que es de un modelo que no es a prueba de agua. Pero si quiere por unos pesos se lo adaptamos.

—¿Un paraguas que no es a prueba de agua?

—Y sí, ahora vienen así; es por la importación, ¿vio? Traen cualquier cosa: relojes que no dan ni la hora, bicicletas con ruedas cuadradas, excusas a pila, ¡lo que quiera!

—No me venga otra vez con esos versos... ¡Yo le traje el paraguas a arreglar, usted me dijo que le fortificó el frulite y le cambió el control de cangurrias. ¡Y no funciona! ¡Véalo usted mismo!

Entonces el tipo se digna levantar la cabeza.

—¿Qué paraguas? —pregunta.

¡Me olvidé el paraguas en el taxi!

MISIÓN EN LA NOCHE

—Crimen en la 23; ocúpese, Smith —la voz del teniente Parker Eversharp del destacamento policial 28 de Chicago sonó estentórea.

Él miró hacia los costados y no había nadie más. Se sintió levemente sorprendido. Era la primera vez que lo enviaban a investigar un crimen a esa hora. Y era muy extraño, más aún considerando que él no era policía. Y que hasta entonces creía llamarse Slatopolsky, y no Smith, y vivir no en Chicago sino en Leningrado, ciudad en la que no había ninguna calle 23, y aun en caso de que la hubiese, no se cometerían crímenes a esa hora. Al menos no oficialmente. Decidió chequear la información.

—Disculpe ¿usted me hablaba a mí?

—No —respondió el jefe—, había decidido asignarle esta misión al equipo especial antimarciano, pero lamentablemente aún no ha sido creado... entonces pensé en mi bisabuela, mujer perspicaz y de una audacia sin límites, a la que no le vendrían nada mal unos dólares extras, pero que no se manifiesta físicamente desde hace varias décadas, lo que la inhabilita para el caso. Luego, sólo me queda usted, así que vaya y cumpla con la misión, *¡you fucking idiot!*

—*Da, da* —dijo él en ruso y salió, sin entender las últimas palabras del mensaje de Eversharp. ¿Qué le habrá querido decir con eso de *you*?

—Otra cosa —rugió el jefe— no hable como si fuera un bebé.

Slatopolsky lo maldijo en ruso y salió. La situación era por demás confusa. De pronto se hallaba involucrado en un crimen que no había cometido, en un país al que ni siquiera sabía cómo había llegado. Tal vez muy pronto tendría detrás de él a toda la policía de Chicago, al personal de Migraciones y, lo que es peor, al cobrador de la compañía aérea reclamando el pago del pasaje. Tenía terror por lo que le haría una empresa privada con tal de obtener su ganancia, sobre todo después de haber cursado Cerdos Capitalistas I en la Universidad Lumumba de Moscú.

Por suerte Chicago era muy parecida a Leningrado. Para no despertar sospechas, decidió seguir a pie juntillas las órdenes del jefe Eversharp. Así que se trataba de encontrar la 23.

And now what?, se preguntó, siempre en ruso.

La sola mención de esa pregunta trajo a su mente la propaganda de un conocido pegamento. Era extraño. Husmeó aquí y allí y descubrió a un grupo de adolescentes inhalándolo. Se acercó a ellos en actitud algo paternal algo represiva, en parte comprensiva en parte conciliadora, algo tolerante, y decididamente esquizofrénica como resultante de la suma algebraica o tal vez vectorial de las actitudes descriptas.

—¿Qué creen ustedes que están haciendo? —les preguntó.

—Inhalando pegamento, blanquito —le respondió uno, que parecía ser el jefe y la tenía muy clara.

—Estás en lo cierto —reconoció Slatopolsky—. Uno como tú, tan inteligente, está para cosas más importantes, chico. Podrías estudiar y llegar a ser alguien en la vida o ser policía, o miembro del Ku-Klux-Klan, no lo sé muy bien (esa bolilla de Introducción a las Atrocidades Capitalistas II Slatopolsky nunca la había estudiado del todo).

—No admiten negros en esa institución —le respondió el muchacho, a quien Slatopolsky veía tan blanco como a sí mismo. Este adolescente no tenía nada que ver con la imagen de los explotados hermanos africanos que le mostraban en las clases de Más Aberraciones Capitalistas Aún II. Pero había dos posibilidades: o que los negros norteamericanos fueran blancos por una cuestión de transculturación, o que el muchacho hubiera inhalado más de la cuenta. Absorto en sus propios pensamientos, Slatopolsky no oyó al muchacho, que seguía hablando.

—Además yo tengo otros planes —decía—, pienso ir a trabajar de negro a Sudáfrica, o de blanco a Centroamérica.

—¿Trabajar de blanco? ¿Cómo es eso?

—Muy bien no lo sé, pero el otro día vi un aviso que decía:

"Necesitamos jóvenes sin experiencia ni demasiadas expectativas de futuro para hacer de blanco en Centroamérica. Buena pega. Y yo me dije, esto es justo para mí.

—¿Buena pega? ¿No sería "buena paga"? —preguntó Slatopolsky.

—Ahí decía "buena pega".

De pronto Slatopolsky se dio cuenta de que él no estaba allí para conversar con el muchacho, sino para resolver un crimen, el de la 23. Y además, mientras el jefe de la pandilla lo entretenía con la conversación, el resto del grupo aprovechaba para escapar hacia su mundo interno.

—Oye hijo, ¿sabes cómo llegar rápido hasta la 23? —le preguntó al aprendiz avanzado de inhalador.

—Prueba con esto —le dijo el muchacho y le extendió un poco de pegamento—. En dos nariguetazos llegas, eso si no te pasas de largo.

—No gracias, no inhalo en horas de trabajo —dijo él y siguió su camino. O al menos el camino por el que venía.

Tenía que hallar la 23, y luego el sitio exacto del crimen, y no tenía la menor idea acerca de cómo hacer tal cosa. Decidió aplicar la dialéctica. Tesis: aquí se cometió un crimen. Antítesis: aquí no se ha cometido ningún crimen. Síntesis: Slatopolsky, habitante de Leningrado, se halla investigando un crimen en Chicago sin saber cómo llegó hasta allí.

Visto que la dialéctica no le daba resultado se le ocurrió una idea. Cerca de allí había un hotel, le preguntaría al conserje.

Entró.

—¿La 23, por favor?

—Sírvase, caballero— y una mano anónima le extendió una llave—, segundo piso, a la derecha.

Intentó explicar el malentendido pero de pronto recordó que él era alérgico al ridículo y más le valía llegar a la habitación y hablar con su ocupante. Subió los dos pisos. Giró a la derecha. Abrió la puerta y entró. Encendió la luz. No había nadie. "Claro, por eso el conserje me había dado la llave" pensó. Si no, habría llamado primero al huésped por teléfono. De todas maneras, no debía dejar de incluir en su informe ciertas peculiaridades de la seguridad en los hoteles norteamericanos.

Apagó la luz y se sentó a esperar. De pronto, un portazo.

—¿Quién es usted? —preguntaron al unísono Slatopolsky y el recién llegado.

Se oyó un disparo en la oscuridad. Slatopolsky cayó vivo. El otro no tuvo tanta suerte. Slatopolsky recordó entonces que no llevaba revólver encima. Obviamente había sido el otro el que había disparado, con tan mala suerte que se había dado a sí mismo, tal vez a causa de la oscuridad.

Decidió averiguar quién era el sujeto en cuestión. El hombre llevaba portadocumentos. Slatopolsky lo tomó sin hesitar. Al fin y al cabo un homicidio seguramente tendría una penalidad mayor que una mera observación de portadocumentos. Aun para los inocentes.

Los documentos estaban a nombre de Smith; "Joseph Kenneth Smith". Así que éste era el famoso Smith, masculló Slatopolsky y no pudo dejar de sentir cierto alivio, ya que si el sujeto muerto era Smith él no lo era y volvía a ser Slatopolsky para el mundo externo, ya que para el interno nunca había dejado de serlo. Y Smith había muerto en la 23. Y de alguna manera, él era quien se había encargado de que tal cosa sucediera.

Tomó el teléfono.

—¡Comuníqueme con Parker Eversharp!

—¿Sí? —la voz estentórea, una vez más.

—Misión cumplida, jefe —dijo, y sin esperar la respuesta, salió.

Intentó preguntar a la gente cómo llegar hasta Leningrado pero la gente no entendía su inglés y le contestaba en un dialecto muy parecido a su ruso natal. "Será la nostalgia que me hace alucinar", pensó Slatopolsky mientras seguía caminando.

De pronto un periódico mostraba en primera plana la foto del jefe Eversharp, detenido por ser un sucio capitalista agente de la CIA.

"No sabía que los norteamericanos odiaran a la CIA" se dijo, "debo revisar mis apuntes o me aplazarán".

No tenía dinero para el pasaje de regreso. Decidió volver caminando. Tenía mucho para pensar. Se puso a silbar: *"It's a long way to Leningrado"*. Adelantó un pie. Luego el otro. Luego otra vez el primero. Y así, muchas veces.

LAS LETRAS NO PAGAN

Nadie recuerda cuándo fue que el boliche abrió sus puertas, ni tampoco qué negocio había antes ahí. Ni siquiera quiénes eran los dueños hasta que don Ignacio se hizo cargo.

Es que el nombre "don Ignacio" quedó indeleblemente unido al del boliche. Algunos dicen que era un viejo avaro que se pasaba las noches contando y recontando sus ganancias. Otros, que en realidad se trataba de un hombre culto y sensible que le quitaba horas al sueño para deleitarse (o amargarse) con la literatura. Lo cierto es que don Ignacio siempre estaba ahí, en el boliche.

Martín Gómez supo ser habitué del boliche en sus tiempos de poeta. Eran las épocas en las que los poetas pasaban hambre, pero no pasaban la gorra. Todavía no se había inventado el pluriempleo, y un poeta era poeta, nomás, y no gerente de *marketing* por la mañana y poeta por las noches, en sus sueños.

Cuestión que los poetas se refugiaban muchas veces en las casas de empeño, sobre todo cuando los dueños de los bares les cortaban el crédito. El poeta trataba de paliar su necesidad con versos, y el mozo le respondía "a mí no me vengas con esos versos". Entonces el poeta insistía diciéndole al dueño del bar que él (el dueño) ganaría mucho dinero en el futuro, cuando alguien viniera a sentarse en la misma silla en la que lo hiciera el poeta. Y el dueño del bar le respondía que eso mismo mismo iba a ocurrir, pero en un futuro muy cercano, digamos dos minutos después. Y el poeta se iba.

Pero dejemos tranquilo al bar, que todavía es temprano, y volvamos a la casa de empeños, al boliche manejado por don Ignacio, donde Martín Gómez, el poeta, había empeñado la Biblia, el calefón, un par de recuerdos y el calentador. Eran tiempos de malaria para los poetas, aquéllos.

La cuestión es que a Gómez no le quedaba ya nada por empeñar. Entonces fue y lo encaró a don Ignacio. Le dijo que necesitaba dinero, y que estaría dispuesto a empeñar su palabra, con tal de obtenerlo. Don Ignacio lo miró muy seriamente, de arriba abajo, y le dijo: ¿Y qué le puedo dar yo por una palabra? ¡Tráigame por lo menos una poesía, un cuento, y ahí vemos qué pasa!

Martín le llevó un poema. Don Ignacio lo leyó detenidamente, con lupa, y dijo "Dos pesos". Martín lo dejó, tomó el dinero y se fue, no sin antes escuchar que tenía que volver el lunes a retirarlo si no quería perderlo para siempre.

Pero Martín Gómez no tenía grandes recursos. Tenía algunos amigos, pero tan pobres en dinero como él. Así que perdió ese poema, y unos cuantos más, que fueron quedando en el boliche de don Ignacio. A veces le llevaba versos sueltos, pero don Ignacio los rechazaba. O un poema completo, o nada.

Y además, don Ignacio era exigente: si un poema no le gustaba, le decía a Martín que lo fuera a vender a otra parte. Hasta le empezó a exigir cierta coherencia de estilo, explicándole a Gómez que serían mucho más fáciles de vender todos los poemas juntos, en un libro, que uno por uno, sueltos. Porque don Ignacio a los poemas no los quería para él, los compraba para venderlos.

Poco tiempo después, apareció *Poemas nunca recuperados*, el primer libro editado por don Ignacio, en el que Martín Gómez reconoció su obra, pero no su firma. Los versos figuraban como anónimos. Tampoco don Ignacio se había atrevido a autoadjudicárselos, a tal grado no llegaba. Simplemente no había datos acerca del autor.

Martín Gómez les contó a sus amigos lo que había pasado, y ellos, indignadísimos, le reprocharon no haberles contado antes lo que ocurría. Fueron todos, en patota, a ver a don Ignacio. A los pocos minutos salieron del negocio con unos pesos más en el bolsillo, y unos poemas menos en la propiedad intelectual (ya que los amigos de Martín también eran poetas y pobres).

Así fue como empezaron a circular por la zona, las ya célebres "Antologías de Poesía Don Ignacio", donde el hombre ya figuraba como compilador. De los autores se sabía que eran un "grupo de jóvenes poetas muy prometedores aunque no cumplidores".

Con el tiempo don Ignacio comenzó a exigirles: "estos poemas no sirven, pibe, probá con un cuentito corto y vemos qué te puedo dar". "La cifra que pedís sólo te la puedo pagar por una novela"; "éstos están buenos, dejáme los seis y traéme dos más para el lunes si querés los diez pesos".

Y don Ignacio siguió editando. De estos tiempos son *Un peso más, ¿qué le cuesta?* (Antología poética); *Tomá pa' salame y vino* (Aguafuertes); *El lunes se lo devuelvo y otros cuentos* (Ciencia ficción); *¿¡Quién te enseñó a escribir a vos!?* (Antología de jóvenes poetas y cuentistas); *Por ser usted, ocho pesos* (recopilación de autores otrora famosos) y las novelas *A llorar a la iglesia*, *Más no te puedo dar* y *A mí tampoco me alcanza.*

Don Ignacio se hizo verdaderamente popular y autores de diversos géneros comenzaron a llevarle sus obras. Fue entonces cuando decidió lanzar una serie de policiales: *Los detectives también tienen que morfar*; *El caso del plagio descubierto*; *A mí no me van a chantajear*; *Los prestamistas lo prefieren en prosa*; *Yo no me llamo cinco pesos*, y otros, que forman parte de la ahora incunable "Serie Ignatia".

Don Ignacio estaba vislumbrando la posibilidad de incorporar escritores pobres extranjeros, cuando un día apareció muerto. No se conocen bien las reales circunstancias del luctuoso suceso que conmovió al barrio, pero la policía algo sospecha, porque pocos días después, apareció, en edición cooperativa, *El crimen de la casa de empeños y otros relatos.*

AMBOS

Él era García. A secas. Dicen que sus padres le pusieron un nombre de pila, pero, como suele pasar con las pilas, se traspapeló. Y quedó García. En la nursery fue el bebé García, en la escuela el alumno García; en la colimba, el soldado García. Y en la oficina, "ese inútil de García" según sus jefes y "el bolastristes de García", según sus compañeros. Ese "de" antepuesto a "García" daba a su apellido un ligero tinte involuntariamente aristocrático. Para esta sociedad no es lo mismo ser "el conde de Falstaff" que "el inútil de García", pero algo es algo.

Pero García, o "de García" no era sólo un apellido. Era una persona . En realidad eran muchas, pero no nos estamos ocupando de todos aquellos homónimos que comparten un importante sector de la guía telefónica, sino de un García en particular, que ni siquiera tenía teléfono.

Una noche, sin embargo, sonó el teléfono en la casa de García. "Debe ser equivocado, acá no hay teléfono" pensó García y siguió durmiendo. Porque se trataba de un sueño, y lo que realmente estaba sonando era el despertador, que de ésos sí que tenía García. ¿O de qué otra manera puede sonar un teléfono en una casa donde no lo hay?

Ella se llamaba Gómez. Era virgen por parte de sexo y melancólica por parte de ánimo. Algunos veían en ella ese extraño tipo de belleza que sólo se percibe en las feas.

Una belleza de compromiso, una belleza hipócrita. Sin embargo, Gómez no era fea, a pesar de todos sus esfuerzos por llegar a serlo.

Gómez trabajaba de circunstancia, y tal vez por eso no tenía estabilidad laboral. Al primer cambio, la echaban. Alguien le sugirió buscarse otro trabajo, pero ella decía que ése era el único que sabía hacer.

—Yo pensé que ésta era una carrera con futuro —decía—, ya que leí que uno es uno y su circunstancia. Entonces, si todo el mundo necesita una circunstancia para poder ser uno, la demanda debería ser altísima. Pero no era así. Una de dos, o el filósofo que escribió eso se equivocó, o está lleno de circunstancias falsas.

—Los filósofos nunca se equivocan, si no, no serían filósofos, serían metalúrgicos —la corrigió un eventual interlocutor que trabajaba de eventual interlocutor y había establecido con Gómez una suerte de canje laboral. Ella le hacía de circunstancia y él de eventual interlocutor. Gratis.

—Vos quisiste decir "sacerdotes" —intentó corregir Gómez, levemente chispeada por la coherencia que había tomado, en ayunas.

—No —protestó el eventual interlocutor, que era abstemio—, yo quise decir "metalúrgicos" y por eso lo dije. Si hubiera querido decir "sacerdotes" habría dicho "sacerdotes", pero quise decir "metalúrgicos", es otra la circunstancia, ¿entendés?

—¿Otra circunstancia? —preguntó Gómez, levemente preocupada.

—Sí —contestó el eventual interlocutor.

—Comprendo —siguió ella—. De modo que estoy despedida. Podrías haberme avisado antes, así yo también tenía tiempo de buscarme otro eventual interlocutor.

García trabajaba. De algo. En una oficina. Pasaba allí ocho horas de su vida. Todos los días. Bueno, de lunes a viernes. Algunos decían que lo único que García sabía hacer era papar moscas. Un compañero contó que una mañana descubrió a García intentando convencer a una mosca para que penetrara en el interior de una papa, donde quedaría atrapada para siempre.

Pero todo eso suena a leyenda, a mito, a falso. A esas cosas que inventa la gente cuando no tiene nada que hacer y se dedica a papar moscas.

Una vez García cumplió años. Cuentan que esa mañana García entró a la oficina y, tomando al espejo como eventual interlocutor dijo:

—Hoy cumplo años.

Sus compañeros lo miraron asombrados, no sin cierta admiración.

—¡Qué bien, viejo!

—¿Cómo te decidiste?

—¿Cumplís al contado o en cuotas?

—¡Vos sí que no te privás de nada, García ¿eh?!

Y luego siguieron trabajando al contado. No fuera cosa que alguno de los jefes los pescara ha-

blando y arruinara los festejos del cumpleaños de
García.

Gómez también cumplía años. Todos los años. A
veces lo festejaba, otras lo lamentaba. La circunstancia no era muy distinta. Era ella misma, para
ahorrarse unos pesos. Alguna vez pensó en juntar
algo de dinero y contratar una circunstancia dife-
rente para el día de su cumpleaños. Así estaría más
alegre. Pero nadie podía asegurarle que la circunstancia alquilada fuese más alegre que ella misma.

Como ya dijimos, Gómez cumplía años. Y a
veces se disfrazaba para hacer de ese día uno distin-
to a los demás. Una vez no se puso nada y se disfrazó de su imagen virtual, la del espejo. Nadie se dio
cuenta del disfraz, de que en realidad la mano derecha era la izquierda y la izquierda era la derecha. La
gente es muy poco perceptiva. Gómez los miraba y se
reía para adentro. Pero como era su imagen del
espejo, se reía para afuera. Y la risa le daba a su
imagen un no sé qué. Gómez se preguntaba si ese no
sé qué la favorecía o no.

En otro cumpleaños, Gómez decidió disfrazarse
de ella misma. Su cara era en realidad una careta.
Su cuerpo, un disfraz. Gómez se vio con el modelo
puesto y le pareció maravilloso. Estaba igualita.
Nada que ver con su vestimenta de todos los días.
Gómez se vio linda y se lo dijo.

—Salga, a cuántas les dirá lo mismo —se respondió.

Otra vez, y también cumplía años, Gómez se
disfrazó de predicado. Un eventual interlocutor se lo
había aconsejado como manera de poder encontrar
un sujeto que la complementara. "Pero el problema

fue el núcleo", se dijo Gómez al volver sola a su casa, "además no tengo qué verbo ponerme".

A García le hubiera gustado conocer a la mujer de sus sueños. O aunque más no fuese, a la de sus pesadillas. En cambio había conocido a la mujer de sus ronquidos. Por otra parte, jamás soñaba con mujeres. Siempre con teléfonos que en realidad eran despertadores.

La señora de García se llamaba "la señora de García". Así la conocían en el barrio, en el trabajo y en el mundo. Una vez García fue a buscarla y se presentó diciendo:

—Yo soy el esposo de la señora de García.

La señora de García no era de esas mujeres que pasan y llaman la atención. Tampoco de las que pasan inadvertidas.

Era de las que no pasan. Esto generó varios problemas, ya que a García le gustaba pasar. Le gustaba mucho. Y nunca lograba compartir esa actividad con su mujer.

—Pasá vos solo si querés, yo no paso ni loca —le decía ella. Y así la relación se resquebrajaba aún más.

Una vez García se metió en un círculo cerrado. Después no sabía cómo salir. Su mujer iba a visitarlo y le hablaba desde afuera del círculo.

—¿Ves? ¡Eso te pasa por pasar! —le reprochaba.

Gómez no era virgen por parte de mente. Tenía fantasías que la rodeaban y le elogiaban los disfraces, pero ella se las ingeniaba para mantenerlas a raya, a las fantasías.

A Gómez le gustaban mucho los 15 de mayo. Era

el día en que se ponía a pensar en su disfraz de cumpleaños, que era el 8 de abril. A veces pensaba en el del año siguiente, a veces en el del año anterior. Pero siempre pensaba, los 15 de mayo.

A Gómez se le ocurrió un día que se podría disfrazar de tiempo. Pasarse todo el día pasando y pasando, segundo a segundo, durante una eternidad. Una tarde se disfrazó de Apocalipsis. Para variar nadie se dio cuenta y pasó inadvertida.

Una mañana Gómez se sentó a merendar con una compañera accidental para hablar de tiempos perdidos, ya que ninguna de las dos había tenido jamás bueyes de su propiedad. La compañera accidental le contó su accidente y Gómez no pudo menos que disfrazarse ahí mismo de contemporizadora para estar acorde con las circunstancias (la compañera también trabajaba de circunstancia hasta el accidente. Luego sólo pudo ofrecer sus servicios de "desafortunada circunstancia", con muy poco mercado laboral).

Una noche Gómez miró las estrellas. Qué lindo ser estrella, pensó.

Una mañana, Gómez se disfrazó de García.

NO TE OLVIDES DE LLORAR

I

Peter Pánicus nunca había sido un hombre muy apuesto. La escoliosis vertebral que lo atacó por sorpresa a los 5 años le hubiera dado una postura torcida hacia la derecha, de no ser porque la pierna izquierda, más corta que lo deseable, lo obligaba a ladearse para ese costado a los efectos de mantener el equilibrio. Finalmente, la tortícolis que contrajo un día en que el viento le propinara un traicionero golpe de aire determinó la clásica figura de signo de interrogación que caracterizaba a Peter.

Pero Peter Pánicus no existe más. Murió. Dejó de pertenecer al mundo de los tontos, ya que en el de los vivos no estuvo nunca. Su desaparición ha dejado un vacío difícil de llenar en las fotos del pueblo, ya que no existía nadie más con forma de signo de interrogación. Además, ha dejado un vacío en su propio cuerpo, más que un vacío un agujero, que, según calculó el psiquiatra que a la sazón reemplazaba al forense de Yellow-Egg-City correspondía a una bala de cañón calibre 315 disparada por un fóbico agresivo con claras tendencias persecutorias, que habría disparado a Peter como manera de defenderse de la angustia que le provocaba el interrogante continuo que Peter simbolizaba con su propio cuerpo.

En Yellow-Egg-City a los muertos se los lloraba, y mucho. Cada hombre que fallecía era un habitante menos para ese lugar dejado de la mano de Dios, olvidado por el gobierno y acechado por las estadísticas amenazantes. Cada hombre menos era uno menos para proteger al poblado de los malhechores, de los temporales y de sí mismo. Cada hombre que se iba para no volver era un candidato menos para las alicaídas damas de alicaídas formas que formaban el "Hungry Sister Club" de Yellow-Egg-City.

¡Y todo por culpa de Spit-Spit James!

Spit-Spit James era mestizo, mezcla de blanco en decadencia y la hija del jefe de los Escupitajos. Era buscado por una serie de crímenes que se cometieron en una serie en la que los blancos eran los buenos, los indios eran los malos, y a él, como era mitad y mitad, a veces le tocaba hacer de bueno como los blancos, y a veces de malo como los indios, según el reparto del capítulo correspondiente.

Spit-Spit James era un verdadero marginado. No era aceptado entre los blancos por su mitad india, entre los indios tampoco, por su mitad blanca; mucho menos entre los negros. Colectividad judía e italiana no había. Lo peor de todo es que ni los propios mestizos lo acogían, debido a que no toleraban su costumbre de escupir constantemente, costumbre a la que debía su apodo de Spit-Spit.

"Spit-Spit... ¿Bandido o víctima de una sociedad injusta?" tituló el *Retrased Telegraph* en su edición especial para aprovechar el crimen. Porque el crimen se le atribuyó a Spit-Spit desde el vamos. Casi diríamos que llevaba su marca en el orillo. Porque todos los crímenes que se le atribuían a Spit-Spit tenían una peculiaridad: jamás había motivo aparente alguno para cometerlos. Esto le valió el apelativo de "el asesino surrealista", como lo llamaban algunos críticos, ansiosos por ver surrealismo en todo aquello que no entendían.

Spit-Spit tenía un largo y frondoso prontuario como surrealista, y casi llegó a dictar una conferencia en el salón literario de Yellow-Egg-City. Pero las damas de la Sociedad de Fomentos Calientes, que organizaban la velada, desistieron por dos razones. Primero y principal, Spit-Spit era mestizo, con lo que contradecía la larga tradición cultural del poblado que indicaba que todo lo culto era blanco. Segundo, que nadie podía garantizar que Spit-Spit no provocase una verdadera tormenta de escupitajos en el mismo piso del salón en cuestión.

El *sheriff* Marshall formuló la acusación en forma brillante:

—"Aquí se ha cometido un crimen, por lo que deduzco que hubo por lo menos un criminal. No hay motivo aparente alguno, por lo que las sospechas nos llevan a alguien que pueda matar sin motivo. Además, Spit-Spit es mestizo así que... ¡a él!"

Luego procedió entonces a organizar una partida de hombres que partirían en búsqueda del mestizo con el fin de capturarlo.

Los hombres partieron con la noche. Volvieron con la madrugada, bostezando. Era lógico, recién se despertaban. De todas maneras no habían capturado al mestizo, y en cambio, sí habían perdido al caballo del comisario. Esto era muy grave, era ya el cuarto caballo que el *sheriff* perdía ese año.

Los hombres tomaron la cosa con calma. Se sentaron. Se acostaron. Se durmieron. Al día siguiente faltaron a sus trabajos. Estaban justificados por el comprobante que les había dado el *sheriff*. Eran héroes, y además, no les descontarían del salario.

II

Desde la ventana del "Ecology Hotel", John "Chickenface" Morgan contemplaba la escena.

—Oh, las buenas y viejas cacerías de indios, aquello era terrible, pero ahora hemos progresado y perseguimos también mestizos.

John no podía quitar de su retina el recuerdo de las buenas y viejas persecuciones: los hombres partiendo, azuzando sus caballos, corriendo tras un feroz salvaje armado con su poderoso arco y flechas, enfrentándolo valientemente con la única ayuda de sus rifles, pistolas y cañones, y capturándolo gracias a la oportuna llegada del Séptimo de Caballería, en los casos en que el regimiento llegara a tiempo.

Allí estaba John, cuando sonó la puerta.

—Soy yo, el alcalde, digo el *marshall*, el *sheriff*, yo —le respondió una voz conocida.

—Ubícate, hombre, ubícate, no son horas para tener problemas de identidad, yo todavía no he desayunado.

—Mira, John, aquí la que está en juego no es mi identidad, sino la de un asesino.

—¿La identidad de un asesino? ¡Buen título para una novela de detectives!

—¿Qué opinas de un *western*?

—Podría ser. ¿Y quién haría de malo?

—Ése ya lo tenemos... Spit-Spit James, el asesino surrealista.

—Suena interesante. Y de muchachito, ¿quién hace?

—Bueno, a eso venía... necesito que captures a Spit-Spit James antes de que nos pongan encima el cartel de "THE END".

—Mira... sin dobles para las escenas riesgosas, y sin chicas en el *saloon*, la cosa no es fácil, *marshall*.

—Claro que no —contestó el *marshall*—, si fuera fácil lo hubiera hecho yo mismo.

—Bueno, hombre, tampoco es para tanto. Al fin y al cabo tú eres el *sheriff* y estás para otras cosas, no para perseguir a los bandidos que atacan la comarca.

—Gracias Johnny, tú eres el único que me entiende; eres un hermano para mí.

—¿Conque un hermano, eh? ¡Entonces eran ciertas las sospechas de mi madre acerca de lo que hacía mi padre cada vez que bajaba al pueblo!

—No, John, hermano ¡pero no del mismo padre!

—¡Ah, entonces eran ciertas las sospechas de mi padre acerca de lo que mi madre hacía cada vez que él bajaba al pueblo!

—No, John, nuestros padres no tienen nada que ver.

—No entiendo entonces cómo podemos ser hermanos. ¿Una probeta, tal vez?

—No, John, en realidad tú no eres mi hermano.

—Tú me confundes, *sheriff*, pero lo haré, ¡traeré a Spit-Spit James, para que tenga un linchamiento justo!

Johnny tomó Coraje (5 mg) y partió en busca de Spit-Spit. A los 5 minutos volvió, en busca de su caballo. Luego volvió a partir.

No era muy difícil seguir las huellas del mestizo. Bastaba con ir tras la línea de escupidas. Eso sí, primero había que encontrar dicho rastro. Y eso no era tan fácil.

III

John Chickenface Morgan no se dio por vencido ni aun vencido, y, a las cuatro semanas de infructuosa búsqueda, muerto de calor, de sed y de angustia, sudado como en las épocas en que lo consagraran "la axila más rápida del oeste", tuvo su recompensa; una gota, una gran gota de agua le sacudió el rostro.

—Llueve con sol, se casa una vieja —pensó, para luego continuar—, esta lluvia es muy buena para el desierto de Mohave, porque...

La risa no lo dejó seguir.

—¡Jajajá, Yeopieee!—. El peculiar sonido provenía de un tejado cercano.

Johnny miró hacia el tejado. Lo único que vio fue un violinista, resabio tal vez de una vieja película. Entonces lo comprendió todo. La gota refrescante no era gota. Y mucho menos refrescante. Ni siquiera era agua pura. Era un escupitajo. Un enorme escupitajo de Spit-Spit James. Johnny comenzó a medir las posibilidades de atrapar al mestizo, cuando de pronto, antes de que pudiera calcular adecuadamente sus chances, se vio sorprendido por un lazo alrededor del cuello, cuyo extremo pendía de la mano de Spit-Spit.

—Yeopiee, te atrapé, ahora cobraré mi recompensa —gritó el mestizo.

—¿Qué recompensa? —preguntó Morgan.

—Ésta —respondió Spit-Spit, al tiempo que extendía un papel amarillento.

Johnny tomó el papel, hizo como que leía, pero lo único que distinguió fue su propio retrato, donde se lo veía mucho más joven.

Decidió apelar a la astucia. Si no, debería apelar a la Corte.

—¿Quién te pagará la recompensa? —preguntó.

—Ja, ja —respondió el mestizo—, a mí no me engañas, vaquero... ¡tú no sabes leer! En la hoja esta muy clarito... ¡Joe Scarfoot (a) Pie Cortado, será quien me pague!

John Chickenface Morgan se puso a rumiar a toda velocidad. Había dos posibilidades. La primera, la oficial, es que Joe Scarfoot estuviese muerto, tal como se sabía, y entonces la recompensa no tenía valor alguno. Pero había una segunda posibilidad, aterradora. Y ya sabía él cuán veraces son los boletines oficiales.

Iniciaron el viaje hasta Yellow-Egg-City, sitio en el cual Spit-Spit pensaba entregar a John en manos de Joe Scarfoot para cobrar su recompensa, y John pensaba entregar a Spit-Spit a manos del *sheriff*. John viajaba adelante, enlazado. Spit-Spit atrás, sosteniendo el lazo.

IV

Luego de una larga y extenuante cabalgata, las luces del pueblo aparecieron en el horizonte. Estaban apagadas, era de día. El *sheriff* los vio venir, el mestizo atrás, el vaquero adelante, y se sorprendió por el orden. Decidió acercarse... Se acercó. En ese momento, John Chickenface Morgan decidió jugarse el todo por el todo.

—Es todo suyo, *sheriff*, ahí lo tiene —gritó a voz de cuello anudado, ladeando la cara hacia atrás, o algo parecido.

—Dáte preso Spit-Spit, tendrás que responder por todos los crímenes, los hayas cometido personalmente o por correo.

—*¿Who? ¿What? ¿Whose? ¿Why? ¿Where? ¿With? ¿When?* —preguntó el mestizo, que no entendía nada de lo que estaba pasando.

—No hables en mestizo que no te entiendo —le pidió el *sheriff*.

—Él pregunta por qué —tradujo Johnny.

—Porque ha muerto Peter Pánicus —bramó el *sheriff*.

—Soy inocente —dijo Spit-Spit, muy poco convencido de que alguien fuera a creerle.

—Eso tendrás que probarlo, sucio mestizo —respondió el *sheriff* confirmando los malos presentimientos de Spit-Spit.

—Yo no soy ningún sucio —insistió Spit-Spit.

—Pero eres mestizo y con eso alcanza —le retrucó el *sheriff*.

—Eso no es justo —gritó Spit.

—Bah, bah —bahó el *sheriff*.

El camino hacia el tribunal (instalado especialmente en el *saloon* para que el consumo de bebidas hiciera más rentable la tarea de la Justicia) fue complicado. El *sheriff* apuntaba a James, quien a su vez llevaba enlazado a Morgan, único de los tres que iba montado, ya que el caballo del *sheriff* había vuelto a desaparecer, y Spit-Spit no tenía cabalgadura alguna.

De todas maneras, la comitiva llegó finalmente al lugar indicado, donde diez fiscales, el juez y el verdugo representarían a la Justicia.

Uno de los fiscales tomó la palabra:

—Como ustedes saben, de acuerdo con el código de este país todo ciudadano es inocente hasta que se demuestre lo contrario. Pues bien, el código se aplica perfectamente a este caso. Spit-Spit James no es un ciudadano, por lo cual, siguiendo fielmente nuestro código, no es inocente hasta que se demuestre lo contrario, vale decir que es culpable, y por lo tanto pido que se lo condene a la horca.

Todos aplaudieron, menos uno.

Otra voz tomó la palabra. Era la voz de un fiscal, también.

—Yo tengo pruebas de la culpabilidad de James. Todos saben que mata a sus víctimas sin motivo alguno. Pues bien, Peter Pánicus ha muerto sin que se pudiese hallar motivación alguna para el crimen. Entonces ¿quién es el principal sospechoso? (silencio). ¡Vamos, es fácil, está aquí presente, escupe a cada rato, es mestizo!

Un hombre del público respondió.

—¡Spit-Spit James!

—¡Bravo señor testigo, se ha ganado usted una yogurtera y no deje de venir a nuestro próximo juicio! Bien, como decía, a partir del testimonio que acabamos de escuchar ¡pido que se condene al mestizo a muerte!

El verdugo se paró para dar su veredicto:

—Puesto que todo ciudadano es inocente hasta que no se demuestre lo contrario pero Spit-Spit no es ciudadano sino mestizo, y considerando que Peter Pánicus murió sin motivos, que es el *modus operandi* de James, condenamos al acusado a muerte por falta de pruebas.

Spit-Spit se declaró inocente y pidió que le conmutaran la sentencia por una serie de conferencias gratuitas sobre el surrealismo, pero eso no fue aceptado.

Luego exigió que al menos le diesen la recompensa por haber capturado a Morgan, pero le comunicaron que Joe Scarfoot había muerto hacía rato. Finalmente, comentó algo acerca de la futilidad de la vida, pero nadie lo escuchó, y soltó el lazo.

Mientras se llevaban a Spit-Spit James hacia el cadalso, Morgan sintió una sombra de duda. Luego advirtió que se trataba de una nube pasajera que enseguida siguió su ruta. El pueblo comenzó a prepararse para el velorio de Spit. Era mestizo, pero era un hombre menos. Mientras iba a la casa funeraria, John llegó a escuchar a Spit-Spit, quien, camino al patíbulo, le gritó.

—¡No te olvides de llorar!

—No me olvidaré —pensó John. Pero por las dudas lo anotó.

LA SEGURIDAD, ¡JA JA JA JA!
(Drama en un acto de consorcio)

*La escena en el hall de planta baja. Los perso-
najes están sentados o parados en círculo. Son más
de 20. En el medio. sosteniendo una carpeta,
Rodríguez Naranjal, el administrador. Hombre cin-
cuentón, algo gordo. Puede haber una planta. Debe
haber una puerta de calle.*

Rodríguez Naranjal: Esta reunión fue convo-
cada para tomar medidas de seguridad. Últimamente hay muchos robos, asaltos, violaciones y boletas
de luz y se impone una decisión ejemplar de nuestra
parte. ¡No puede ser que la gente entre y salga del
edificio como Juan por su casa nada más que porque
está en su casa!

La del octavo B: ¡Sí! El otro día yo venía caminando con dos bolsas llenas de comida que había
comprado en el supermercado Pisco, ¡el que tiene las
mejores ofertas! cuando ¡de repente se me acercó un
tipo de aspecto muy raro, anteojos negros y barba, y
me pidió que lo cruzara la calle! Yo lo miré, era un

tipo joven, y salí corriendo con mis bolsas llenas de jugo de tomate La Compagnola, yogur La Sirenísima, manteca Suncor, a propósito, ¿probaron su nuevo sabor? ¡es buenísima y tiene mucha menos grasa!... Bueno, como les decía, salí corriendo y se me cayó un paquete de excelentísimos fideos Don Vidente. ¡Esto no puede ser!

El jovencito del séptimo J (con sorna): Dígame, señora, por casualidad, ¿no vio usted si el joven de barba y anteojos negros llevaba también un bastón blanco?

La del segundo J: ¡No me diga que hay una secta de jóvenes con bastón blanco y anteojos negros que se dedica a asaltar a las vecinas que llevan tomates La Compagnola!

La del octavo B: Los mejores tomates, en sus tres sabores: tomate común, tomate perita y tomate pasado.

El del séptimo J: ¡Se ve que usted no leyó a Sabato, señora! ¡Si no, tendría mucho más cuidado con la gente de bastón blanco que anda por ahí!

La del octavo B: Uy, entonces menos mal que tenía puestas mis Adivas y pude salir corriendo ¡miren si todavía el tipo ese me violaba, o me robaba las sardinas Nerenda! ¡Las mejores sardinas!

La del último F: Eso no es nada: anoche estaba tratando de dormirme, serían las cuatro de la mañana, cuando de repente oí un ruido raro. Me levanté y empecé a buscar de dónde venía. Agarré un palo, el spray paralizante, el cuchillo más filoso de la cocina, las albóndigas que Fido no quiso comer, a Fido, la máscara antigás que tengo por si hay invasión extraterrestre, la pre-pizza que uso de escudo, la batilinterna que me compré el otro día, y, armada con todo esto, seguí buscando mientras venían los bomberos a los que había llamado. Al final lo encontré, y lo maté sin remordimientos. ¡Era un mosquito insoportable!

La del segundo G: ¿Ve, ve lo que le pasó, sola contra un mosquito a las cuatro de la mañana? ¡Y eso es por no tener la protección adecuada! ¡Yo todas las noches tengo que estar defendiéndome de un hombre que quiere aprovecharse de mí!

El del segundo G: No exagerés que al fin y al cabo soy tu marido y tengo mis derechos.

La solterona del décimo W: ¡¿Y eso qué tiene que ver?! Cuando una está sola frente a un hombre no tiene ni tiempo de darse cuenta de qué hombre se trata. ¡Ahh, si estuviera mi marido para protegerme!

La del décimo X: ¡No sabía que se hubiera casado!

La del décimo W: Justamente, es porque no me casé que no está mi marido para protegerme .Los hombres sí que la tienen fácil...

La del octavo B (a la del último F): Señora,

estoy impresionada con lo que contó, dígame, ¿de qué marca era la pre-pizza?

Rodríguez Naranjal (mirando su reloj): Ustedes disculpen, pero yo creo que hay que tomar alguna medida de seguridad.

El del segundo J: A mí me parece que con conseguirle un marido a la del décimo W la cosa se arreglaría más barato que si uno toma esas medidas, que al final no sólo no bajan los robos, sino que suben las expensas.

Rodríguez Naranjal (indignado): ¡No va a comparar! Los asaltos aumentan por los ladrones y las expensas aumentan porque, porque... ¡No me va a comparar!

El del segundo J: Yo no quise decir lo que quise decir, solamente me pareció que era más fácil conseguirle un marido a ésa (*señala*), así tiene ayuda contra los mosquitos, que tomar otras medidas de seguridad.

La del décimo X: ¡Claro, claro, usted sí que la arregla fácil!... Le consiguen marido a ella y listo, no. ¿Y para mí, qué? ¡No señor, no voy a permitir esos privilegios en este consorcio! ¡O nos consiguen marido a todas o a nadie!

Rodríguez Naranjal: Miren, no vamos a estar consiguiéndoles maridos a todas las mujeres del edificio...

La del último F, la del décimo W y la del décimo X a coro:
¡Ma-ri-do! ¡Ma-ri-do! ¡Todas para uno, y uno para todas!

¡Consorcio, unido, buscando un buen marido!

La agorafóbica del cuarto J: ¡Qué marido ni marido! ¡Acá lo que hay que hacer es tener la puerta cerrada con llave las 24 horas, y no abrirla nunca, así no entrarían chorros, ni asaltantes, ni nadie!

La del décimo X: ¡Pero entonces no podría entrar el marido...!

La del cuarto J: ¡Mejor! ¡Muchos ladrones suelen ser maridos!

La del décimo W: ¡No le permito que insulte así a nuestro marido! ¡Usted ni lo conoce! ¡Nosotras tampoco lo conocemos todavía!

La del cuarto J: Mire, yo quiero que acá la puerta esté cerrada, para que no entren desconocidos, ¡ni maridos desconocidos, ni soldado desconocido, ni nada!

El del quinto H: Permítame una discrepancia; resulta que yo soy jubilado y usted sabe que hay cosas que los jubilados no entendemos. Por ejemplo: si la puerta permanece cerrada con llave las 24 horas, ¿cómo hago para entrar o salir del edificio cuando tengo que ir a cobrar la jubilación, o cuando saco a pasear al potus?

Rodríguez Naranjal: No se preocupe, don Jacinto. La señora lo decía en sentido literario.

La del cuarto J: ¡Literario las pelotas! Lo que yo digo es que la puerta esté cerrada con llave las 24 horas, y el que quiera salir ¡que salga por la ventana!

La del segundo U: Es que si nosotros salimos por la ventana, un ladrón, asaltante o violador ¡también podría entrar por la ventana!

La del octavo B: Sí, pero le resultaría más difícil, salvo que use las nuevas zapatillas Tonter con tapones especiales.

La del décimo W: ¿Dijo tampones?

La del cuarto J: Dijo "hampones".

La del octavo B: ¿Qué les pasa, tienen tampones en los oídos? ¿Por qué no usan un audífono, tipo "Audifex"? Yo lo que dije es que con esas medidas los ladrones no iban a poder entrar ni salir.

La del quinto H: Claro, al ladrón le resultaría más fácil salir, pero a nosotros también.

La del cuarto J: Ustedes siempre con excusas, después, hay un robo por dejar la puerta abierta y se quejan.

La del segundo U: Mire, hubo un caso en el barrio de mi prima segunda, la Robustiana, en el

que un chorro entraba todos los días al edificio por
la ventana, se llevaba al encargado, y nadie se daba
cuenta.

El del penúltimo L: ¡En este edificio esto no
podría pasar! ¡Si se llegan a llevar a don Carmelo
nos daríamos cuenta enseguida por el silencio que se
armaría!

La del sexto K: Además, estaría todo mucho
más limpio.

Rodríguez Naranjal: Bueno, bueno, bueno...
al fin y al cabo don Carmelo no es mala persona,
además es primo de la hermana de mi suegra, y en
su casa son siete bocas que mantener: él, la mujer,
los dos peces y las tres tortugas. Pasemos al tema
que nos convoca: en vista de que todos estamos de
acuerdo en que hay que tomar medidas de seguridad, y que la mejor medida es contratar agentes,
sigamos debatiendo a ver a quién tomamos.

La del quinto P: Sí, yo para empezar creo que
lo más importante en materia de seguridad son los
niños. Por ejemplo, en este edificio hay un montón
de niños..., tal vez, si nos librásemos de algunos...

La del primero Z: ¿Usted está loca? ¡Si yo me
las arreglo para vivir con quince niños en un dos por
dos, bien puede este edificio soportar a todos los
niños que sea necesario!

La del décimo W: ¡Usted soporta quince niños
porque tiene quince niños y no le queda otro reme-

dio! ¡Y además, para tener quince niños tuvo que tener un marido o algo que se le parezca con quien tenerlos! ¡En cambio yo, que nunca tuve marido ni novio ni nada que se le parezca, no tengo por qué aguantar a los niños! Ahora bien, si usted me prestara a su marido, yo....

La del décimo X: ¡Momentito, que si se lo presta a ella, me lo presta a mí también, eh!

La del octavo B: Miren señoras: acá no estamos para hablar de los niños sino de las medidas de seguridad. Yo conozco unas cerraduras, las Lindex, que son excelentes. Uno las cierra y nadie las puede volver a abrir.

El del quinto H: Disculpen a un pobre jubilado pero, si las puertas no pueden abrirse, ¿cómo hace uno para poder volver a entrar a su casa?

La del octavo B: Llamando a un cerrajero. Cerrajerías "La buena llave" nos garantiza aperturas las 24 horas del día y las de la noche también. Don Juan Galíndez, su dueño, tiene un equipo de cerrajeros diligentes y eficientes que vienen cuando usted los necesita.

La solterona del centésimo U: ¿Y los cerrajeros esos, qué tal están?

La del décimo W y la del décimo X, a coro: ¡Eso, eso!

La del subsuelo K: ¡Esto es una reunión de

consorcio, no una *boite*, qué se creen! ¡No quiero escuchar nada de cerrajeros, ni de ninguna otra asquerosidad por el estilo!

Rodríguez Naranjal: ¿Por qué no dice cada uno qué es lo que quiere, así nos ponemos de acuerdo?

La del octavo B: Yo quiero una cerradura Lindex de acero alemán.

La del décimo W, a los gritos: ¡Yo quiero un marido!

La del décimo X: ¡Que sean dos, los maridos!

El del quinto H: ¡Yo quiero el 82 por ciento móvil, y que me expliquen bien cómo es eso de la jubilación privada!

La del último F: ¡Yo quiero dormirrrr! y no estar peleando contra los mosquitos a las 4 de la mañana.

La del segundo G: ¡Yo quiero una puerta a prueba de maridos violadores!

El marido de la del segundo G: Ta bien, mientras yo tenga la llave.

Rodríguez Naranjal: ¿Qué les parece si le pedimos a don Carmelo que vigile más, y listo? Al fin y al cabo él es el encargado, y conoce bien quién es del edificio y quién no, ¿no?

La del segundo U: ¡Claro que Don Carmelo nos conoce a todos! ¡No solamente nos conoce, sino que después va por ahí contando todo lo que conoce!

La del noveno J: ¡ De mí no dice nada, no como de "algunas"...!

La del primero X: ¡Ya quisiera, ya quisiera!

El del quinto H: Como ustedes saben, yo soy jubilado y tengo mucho tiempo libre. Así que, si quieren, por unos pocos pesos me instalo acá abajo con el potus, que es muy guardián, y pego una ojeadita. De paso me ayudan a llegar a fin de mes.

La del cuarto J: ¡Ojeadita las pelotas! ¡Acá lo que necesitamos son medidas de seguridad!

La del octavo B: ¡Marca Lindex!

La del noveno K: Lo que hay que hacer es prohibirles a los chicos que abran y cierren las puertas, que corran por los pasillos, que toquen el timbre, que usen el ascensor, que jueguen a la pelota, que respiren...

El del undécimo K: Yo creo que con un poco de prudencia alcanzaría, hay que ser pragmáticos.

El nuevo inquilino: Estoy de acuerdo, la prudencia es lo mejor para estos casos.

Rodríguez Naranjal, al nuevo inquilino: Perdón, pero ¿usted quién es? ¿un nuevo inquilino?

El nuevo inquilino, metiendo la mano en el bolsillo: Oh, disculpen, no me presenté (*saca un revólver*) ¡esto es un asalto! Sean prudentes, como dice el señor (*señalando al del undécimo*) y no les va a pasar nada.

El nuevo inquilino, revólver en mano, se lleva todos los valores que había, revisa los bolsillos, y hasta le quita la lista de temas a Rodríguez Naranjal.

Nuevo inquilino (yéndose): La próxima reunión de consorcio, no se olviden de cerrar la puerta de calle.

EPISODIO QUINCE: ALMACÉN CONFLICTO

(Música acorde con las circunstancias.) Los que dialogan son los protagonistas, Fulgencio y Jennifer Ramona, salvo que se indique lo contrario.

—¡Te obvio, Fulgencio, te obvio! ¡No sabes cómo te obvio!

—Hablas llievada por el rencor, Jennifer Ramona. Tú no pudes obviarme, somos el uno para el otro.

—Para el otro seré io, porque tú eres para la otra. Te he visto anochie, lo más, lo más... (*Solloza.*)

—¿Ves, ves, lo que io decía! Hace unos momenticos nomás me obviabas, y ahora dices que soy lo más. Debes resolver tus contradicciones, Jennifer Ramona, o por lo menos tus incógnitas. ¡Ia no sé si eres una mujer o una ecuación de segundo grado!

—¡Cáiate, Fulgencio, cáiate, que si no te obviaré tanto que desaparecerás multiplicado por cero! ¡Creíamos que éramos el binomio perfecto, y tú, matemáticamente me engañas! Anochie te vi. (*Grita.*) ¡Te viii!

—Pues, sí, me viste, ¿Y eso que tiene de malo? No he desarroiado aún la propiedad de volverme invisible, Jennifer Ramona... Es más, io pasé frente

110

a un espejo y también me vi, y no hago ni un tantico de escándalo por eso, ¿o qué?

—¿O qué, o qué, qué quieres decir con eso, Fulgencio? Tú te pasas dilatando y dilatando, estirando y estirando porque no quieres enfrentarte verdaderamente a lo que voy a decir.

—¡Pero no, mujer, pero no! ¡Io me paso dilatando tu reprochie por motivos de libreto! Toma. (*Le muestra una hoja.*) ¡Acá dice muy clarito que este bloque debe terminar sin que tú me haias podido decir por qué me obvias de este modo! Y tú sabes que el contrato en esto es muy claro.

—¡Pero qué libreto, Fulgencio, si desde hace tres días que estoy intentando que me expliques tu conducta, tu ridículo comportamiento, eso que me hace llorar todas las noches y no poder dormir de día!

—¡Querrás decir llorar de día y no dormir de nochie!

—No, si yo de nochie sí que duermo, ¡el ianto me relaja! El problema es durante el día que cada vez que estudio el guión me da sueño pero no puedo dormir, me da como un reflujo.

—¿No será como un reflejo?

—Sí, me da un reflujo por un reflejo.

—No te reflijas. ¿Probaste con algún reflexólogo?

—No cambies de tema, Fulgencio, ¡tú eres el problema! Tú, tú, túuuuuuuuu, túuu.

(*Voz de locutor:*)

—Para su auto, bocinas "La Ruidosa". ¡Con bocinas "La Ruidosa", un tútú, y a otra cosa!

(*Vuelven los protagonistas.*)

—Insistes, Fulgencio, haces cualquier cosa, pero

yo te seguiré obviando. ¡Toda mi vida te obviaré!

—No seas así, mujer, que el de la bocina no he sido io, fue la tanda.

—Jájá, ¿la tanda de un solo aviso? ¿Cómo pretendes que te crea?

—Pues si no quieres no me creas, pero así es. Tú sabes, nuestros avisadores no están muy contentos con el transcurso de nuestro romance. Dicen que a esta altura ya debía haber un poquitico más (*hace gesto con la mano, llevándola repetidamente hacia abajo con el puño cerrado*)... de sexo... Dicen que si tú no querías, io debía haber abusado de ti, o de alguna otra, o algún otro abusado de ti, o algún otro de alguna otra, o todos contra todos, en fin, algo más calentucho... ¿Entiendes? ¡Dicen que si no, la gente hace el *zapping*!

—¡Mentes perversas! Io les daré un poco de lo que quieren!

—¿A eios? ¡Si en el contrato dice que el galán soy io, mujer!

—Ia te dije, Fulgencio, ¡que io a ti te obvio, y te seguiré obviando! Además, anochie te vi con ésa, abrazaditos, muy juntos, muy acaramelados.

—¿Muy qué?

—Pues muy juntos, muy acaremalados.

—¿Cómo dijiste?

—Muy amarecalados, digo muy aqueramaledos, digo muy acaralamedos o sea, muy ...muy, muy ¡qué sé io muy qué, estaban!

—¿Quiénes estábamos, Jennifer Ramona, quiénes estábamos?

—Tú, Fulgencio, tú estabas.

—Sí, io estaba, pero, ¿quién más?

—¡Ésa!

—¿Ésa? ¿Qué ésa? Porque que io sepa ésas hay muchas, y con todas no he estado, ¡eh!

—No te hagas el tonto que te sale muy tonto, Fulgencio. Tú sabes muy bien con quién has estado. Lo sabes mejor que io.

—Pero no, Jennifer Ramona, mejor que tú no lo sé. Lo sé igual que tú, porque anochie io estuve... anochie io estuve... (*Sollozando, se tapa la cara con los brazos en primerísimo plano.*) ¡Anochie io estuve contigo, Jennifer Ramona!

—Ves, hombre, ves. ¡Confiesa, la confesión te hará bien!

(*Fulgencio se destapa la cara, y en vez de a Jennifer Ramona ve a un cura.*)

—Gracias, padre Rafael, pero ¿qué hace usted aquí? Io estaba hablando con Jennifer Ramona y...

—Lo sé, hijo, lo sé. Pero elia tuvo que ir al baño y me pidió que la reemplazara por un momento. Me aseguró que volvería a tiempo para la escena del beso.

—Pero, padre Rafael, antes de la escena del beso hay varias escenas de caricias, de miradas que lo dicen todo, de cierto toqueteo juguetón que no sé si usted y io... en fin...

—Esto elia no me lo dijo, hijo.

—Nunca hablamos con nadie de eso, lo confieso.

— Frente a esta actitud mi respuesta es el silencio, Fulgencio.

—Si usted hace eso, va a quedar como la mona, Ramona.

—Ya estoy harto de tener que usar la rima, encima.

—Tiene razón, padre Rafael, tiene usted razón. Dejemos lo de los besos para cuando eia vuelva, y dediquémonos a discutir un poco de teología, tema que tanto apasiona a nuestras televidentes.

—Bueno, hijo, tampoco es para tomarlo así. Veo en tu alma un conflicto.

—Va a tener que consultar a un oftalmólogo, Padre. Eso que usted dice no es mi alma, es una cicatriz.

—Mira Fulgencio, haia paz en tu corazón y en tu espíritu. Allí vuelve Jennifer Ramona.

—Bien, Padre, entonces me colocaré como estaba cuando eia se fue. (*Solloza*) ¡Anochie estuve contigo... contigo!

(*Ramona entra y ve a Fulgencio diciéndole al padre Rafael la frase anterior.*)

—¡Pues que lo que vi más parecía una minifalda que una sotana, Fulgencio!

—No Jennifer Ramona, no con él, no con el Padre, sino contigo, ¡estuve contigo! ¿Entiendes?

—¿Que estuviste conmigo? ¿Eso dices? ¡Oh pobre desgraciado inocente! Y io que desconfié de ti... que te creí un traidor... ¡No te merencio, Fulgencio, no te merencio!

—Dirás: ¡No te merezco!

—No, tú si me mereces, con creces.

—Basta de rimas, ¡por Dios!

—Lo que pasa es que uno de los autores del libreto se cree poeta...

—Escucha, Jennifer Ramona. Dejemos este sitio, huiamos juntos los dos... abandonemos este guión insoportable ieno de personajes que no saben ni hablar. Vaiámonos juntos a una novela de Marguerite Duras, o a una obra de Shakespeare o de Jean Anouilh. Imagina nuestro futuro juntos en una película argentina iena de paisajes, de personajes simples como la vida misma...

—No puedo, Fulgencio, no puedo. Mi pasado me retiene aquí.

—¿Tu pasado? ¿Qué me importa tu pasado? ¿Qué puedes haber hechio hace veinte anios que no te permita escapar ahorita nomás?

—Es que no fue hace veinte anios, Fulgencio. Fue anochie.

—¿Anochie? ¡Pero si anochie io estaba contigo!

—Sí... (*Voz grave*) tú estabas conmigo... ¡pero io no estaba contigo!

(*Música a todo volumen, títulos.*)

ESCAPE A MEDIANOCHE

De repente, Slatopolsky buscó sus manos, sin éxito. Sólo después de quitarse los guantes pudo suspirar aliviado. Se habían escondido, las muy pícaras. "Estas cosas no deberían pasarme a esta altura de mi vida", pensó, "pero bueno, al fin y al cabo no era tan grave, ya las encontré". Siguió su camino. Adelantó un pie. Luego el otro. Luego nuevamente el segundo. Y otra vez. Estaba a punto de caerse, cuando fue interrumpido por un uniforme, dentro del cual había un sujeto.

—¿Adónde cree que va?

—A Leningrado, ¿y usted?

—No se haga el listo. Yo le pregunté primero, y además es mi trabajo.

—¿Su trabajo?

—Cada vez que alguien llega aquí, yo debo preguntarle adónde va.

—¿Y le pagan por hacer eso?

—Creo que sí.

—¿Cree que sí?

—Todos los meses me hacen firmar un papel y

me entregan otros papeles a cambio. Son papeles absolutamente indigestos, y tampoco sirven para vivir en ellos.

—¿Y cómo se las arregla?

—No me las arreglo.

—Insisto. ¿Cómo hace?

—Acá las preguntas las hago yo. ¿Quiere droga?

—No. ¿Podría ser algo de sexo?

—Dije que las preguntas las hago yo. ¿Homo o hétero?

—Hétero.

—Espere que me cambio.

Slatopolsky decidió no esperar. Su estrategia había dado resultado. Había podido burlar al guardia. Ahora sólo debía recordar qué pie le tocaba adelantar para no volver a caerse. Ante la duda, optó por el derecho.

De pronto, oyó un grito. Cerca. Muy cerca. Demasiado cerca. Slatopolsky oteó las cercanías y no había nadie. Después oteó las lejanías y tampoco. Entonces el grito sólo podía provenir de su propia persona. Slatopolsky se miró. Vio su pierna herida y dolorida, y se dio cuenta de todo. "Caramba", pensó, "¿será un ajuste de cuentas? A ver: dos más dos igual cuatro; quince por cuatro igual sesenta; raíz cuadrada de nueve igual tres; cero por toda la cantidad igual cero. No, ajuste de cuentas no es, todo está normal. ¿Y entonces qué, un crimen pasional? Pero si a mi pierna no se le conocían parejas estables, salvo la otra pierna, con la cual la relación era estrictamente laboral".

Decidió investigar. No podía llamar a la policía, no había teléfonos a mano. Llamar al guardia recientemente burlado no tenía sentido. Lo máximo que podría conseguir de él sería un beso. Decidió seguir solo: ya habría tiempo para besos cuando saliera de este lío, o cuando lo alcanzara el guardia.

De repente, una rubia. Hacía mucho tiempo que Slatopolsky no veía una rubia así, ni una distinta. Slatopolsky se hizo el bocho. Mejor sería que me hiciera la pierna, pensó. La rubia se acercó a Slatopolsky y comenzó a acariciarle la pierna herida. Slatopolsky se olvidó de que tenía una pierna herida.

De repente, una morocha. Slatopolsky no recordaba si le gustaban o no las morochas. La coyuntura le hizo decidir que sí. Y ella se hizo cargo de la otra pierna, que no por más sana estaba menos necesitada de caricias que su compañera de caminos.

De repente, una pelirroja. Y una castaña. Y una platinada. Y una teñida. Y una calva. Y otra. Y otra más. Mujeres sedientas de sexo rodeaban a Slatopolsky. Él no atinaba a pellizcarse para ver si estaba durmiendo, no fuera cosa de despertarse, todavía.

Slatopolsky no podía comprender cómo habían llegado hasta él todas esas mujeres. Cómo habían cruzado el muro, eludido la vigilancia, y por sobre todo, cómo se habían interesado por él. "Ya habrá tiempo para respuestas", se dijo, "comencemos por las preguntas".

—¿Estudian o trabajan?

Nada.

—¿Siempre vienen a este sitio?

Silencio total.

—¿Qué pasa, les comieron la lengua los ratones?

Una lengua acariciando la suya actuó como formidable respuesta negativa a su pregunta. Slatopolsky no entendía nada. Tampoco había nada que entender. Se dejó llevar.

De repente, olió mal. Miró a las mujeres una por una. No venía de ellas, el aroma. Una voz surgió de la espesura (había espesura en los alrededores).

—¡Entrégate, entrégate!

("¡Oh, no, el guardia me ha localizado!")

—¡Entrégate, entrégate al sexo, la pasión, la lujuria, el goce y el libertinaje consuetudinario!

Slatopolsky tuvo miedo. ¿qué era el libertinaje consuetudinario? Ya bastante tenía con estar en ese hospicio con guardias locos, del que estaba tratando de escapar, como para entregarse a esas cosas que desconocía.

Se preguntó: ¿De dónde venía esa voz que venía de la espesura? Se respondió: de la espesura. Era una voz masculina, familiar, extraña.

De repente, Slatopolsky lo supo todo. Todo, hasta la tabla del doce. Y las mujeres se desvanecieron en el acto. "Podrían haberse desvanecido después del acto", pensó Slatopolsky, pero así es la vida. Una mujer, la única que no se había desvanecido, la responsable del aroma y de la voz masculina extrañamente familiar, estaba frotando con un algodón su pierna herida. Que además no había sido herida. Sólo pinchada, digamos drogada.

—¿Cómo lo supiste? —preguntó la mujer de voz masculina.

—Y tú, ¿cómo supiste que yo sabía? —respondió Slatopolsky para ganar tiempo.

—Acá las preguntas las hago yo, que para eso me pagan —replicó la mujer.

—Bueno, a decir verdad me llamó la atención tu uniforme, tan parecido a tu uniforme, que me dije "una mujer que viste ese uniforme sólo puedes ser tú disfrazado de mujer".

—Entiendo, y es cierto, pero con lo que me pagan hago lo que puedo. Los cosméticos y la droga los consigo, pero tela para un vestido atractivo no.

—No llores. Mira, cuando me dejes de vuelta en mi celda, voy a ver qué puedo hacer por ti, tengo unos retazos que tal vez...

El guardia sonrió.

—¿Y qué quieres a cambio?

Slatopolsky lo pensó. Y esta vez se cuidó muy bien de pedir sexo.

COMPETENCIA

Llegaron al orgasmo al mismo tiempo.

—No, yo llegué primero —dijo él.

—Pero el mío es más largo —respondió ella.

—No, el mío es más largo —insistió él, tal vez confundiendo el ítem a ser comparado.

Siempre eran así, competitivos a muerte. Si se querían, era para ver quién quería más al otro. Si pensaban en tener un hijo, era para ver a cuál de los dos se parecería más. Si se engañaban, era para demostrar al otro que uno era más inteligente.

Más de una vez ella pensó en quedar embarazada para poder reprocharle que él no podía llevar un hijo en su vientre. Después se dio cuenta de que él correría más rápido, sería más ágil y tendría menos trabas físicas durante nueve largos meses. Así es como siguen sin tener hijos.

Cuando se conocieron, ambos se apostaron a sí mismos: "A que me lo/la levanto". Y ambos ganaron.

Él había nacido en un hogar humilde, luego de haberles ganado una espectacular carrera a todos los demás espermatozoides por parte paterna, y de haber sido fecundado con éxito por parte materna. Desde pequeño se mostró más hábil que sus hermanos, tanto en lo intelectual como en lo físico, cosa que lo enorgullecía. Su alegría sólo se empañaba cuando recordaba que no era hijo único, que alguien más había logrado lo que él.

Ella por su parte, no se quedaba atrás. Brillante, dijo la partera al traerla al mundo. Sus destellos lumínicos eran tan notables que sus padres querían retenerla junto a ellos, en la casa, sobre todo cuando había cortes de luz.

Se encontraron, y como no podía ser de otra manera, se enamoraron. Mejor dicho, sí que podría haber sido de otra manera. Él bien podía haber caído flechado por los ojos, las tetas o la seducción de una rubia, de una mujer que no fuera tan competitiva y pusiera en juego su superioridad, o bien de la calidez de alguna vecina de enfrente que lo tuviera loco de amor. Lo mismo ella, pero en femenino. Pero no fue de otra manera, fue de ésta. Y ahora, desde hace un tiempo estaban juntos, compitiendo en amores.

Se miraron profundamente a los ojos. Él a los de ella, ella a los de él. La pasión los envolvía, los atrapaba, los dejaba fuera de combate.

Y dijo él: "A través de tus ojos veo lo que más quiero, me siento complementado, entiendo el sentido de mi existencia, me doy cuenta de quién soy y para qué estoy, olvido las traiciones y revivo las pasiones. Es ahora cuando me recorre la vida, me electriza los órganos, sistemas y aparatos, el amor me flexibiliza el esternón, la clavícula se erige en monumento a la belleza, un coro de doce pares craneales me susurra un canto, las ramas de la aorta llevan sangre pletórica de oxígeno para que a través de unas de sus pequeñas colaterales, las coronarias, mi corazón pueda rendir un homenaje cual blanco a las flechas de Cupido, a la sabiduría de Minerva, a la furia de Marte, al delicioso embriagante licor de Baco, a la autoridad de Júpiter, a los dioses, los reyes y los presidentes democráticos, a los diputados, senadores, concejales y representantes. Me siento, a través de tus ojos, transportado a la Luna, al cielo, a Alfa Centauro, a los anillos de Saturno, a la Quinta Avenida, a la Torre Eiffel, a las Pirámides. Y no sólo las Pirámides, tambièn las esferas, los círculos, los ángulos obtusos, las cotangentes, los senos cónicos, la cintura en forma de paralelogramo propiamente dicho me hacen relamer. Y mi lengua me permite revivir los lugares, los tiempos, los modos, los verbos, los sujetos, los circunstanciales, en una sintaxis que me lleva al éxtasis con acento ortográfico, prosódico e indudablemente esdrújulo. Y esto, todo esto imborrable, lo veo reflejado en ti, amor mío, lo veo a través de la imagen que me devuelven tus ojos".

—¿En serio lo ves a través de la imagen que te devuelven mis ojos? —apenas susurró ella, con una sonrisa tímida y un tenue brillo de emoción en la voz.

—Sí —insistió él, en ganador—, es gracias a la imagen que veo a través de tus ojos.

—¡Siempre el mismo narciso, vos! —disparó ella, triunfal.

Jamás se daba por vencida.

CÉLEBRE VIDA DE CLAUDIO

A Claudio la vida no lo había favorecido. Hijo de padre soltero (la madre los abandonó antes del parto), se las vio bien negras desde muy pequeño. Era negro. El padre confió la educación de Claudio a una tía muerta cuyo fallecimiento nadie de la familia aceptaba. Por eso, primero la habían embalsamado y luego le habían encargado que cuidase de Claudio, cuyo nacimiento tampoco era muy aceptado entre los suyos.

De más está decir que el pequeño Claudio se familiarizó desde muy temprano con las ideas conservadoras. Encima adquirió una rara adicción al formol, como manera de identificarse con la anciana, de mantener vivo su muerto recuerdo.

Muy pronto Claudio comprendió que la tía no sería protección suficiente para los riesgos que la sociedad propone a sus congéneres. La anciana no parecía dispuesta a iniciar a Claudio en los misterios de la vida. Ella siempre respondía con la misma callada indiferencia, así la cuestión versara sobre el resultado de sumar uno más uno, el origen de los niños o las costumbres sexuales de los *voyeurs*. De todas maneras era mucho más liberal que otra gente de su generación. No se desmayaba ni ponía el grito en el cielo aun frente a los asuntos más delicados.

Claudio buscó protección en otra gente. Conoció toda clase de monstruos, personas incluidas. Se hizo amigo de un tripanosoma cruzi resentido que no enfermaba de Chagas a nadie, renegando de su función social. Después conoció una paloma que lo cagó en la cabeza a manera de salutación, respondiéndole Claudio con un hondazo certero que selló para siempre la relación.

A Claudio la vida lo trataba mal, y él decidió devolverle la pelota. Una noche de excesos de formol, borracho de tristeza mató a la tía muerta, que se murió sin un solo gemido. Después agarró el par de monedas que para la tía habían constituido los ahorros de toda su muerte, y se dio a la fuga.

Pensó en buscar a su padre, a quien hacía años que no veía a pesar de que vivía en el cuarto de al lado. Luego lo descartó: su padre nunca había querido tener un hijo, sino una amante. Entonces sintió que debía buscar a su madre. Buscarla, no encontrarla, porque si llegaba a encontrarla se encendería su luz interior y él no estaba para andar pagando electricidad, con las únicas dos monedas que tenía. Además, para ella Claudio era un desconocido, y él no deseaba para su madre un protagonismo en la primera plana *"Madre de Claudio asesinada por desconocido"*. Odiaba a su madre pero no era para tanto. Bastaba con que la noticia saliera en policiales.

En otra noche de formoles Claudio conoció a una chica un tanto psicologista, que le interpretó un tango. Después le dijo a Claudio que él tomaba formol como manera de conservarse íntegro, de que no se le pudriera todo. Al final la chica le recomendó que se analizara, al tiempo que le reprochó al mozo por interrumpir la conversación trayendo la cuenta. Dijo que muy probablemente sus padres, los del mozo, debían haberle interrumpido sus masturbaciones y por eso él repetía ahora el acto en forma activa.

Luego de que el camarero en cuestión le partiera la cara de un golpe a Claudio cumpliendo con las formalidades del caso, la chica se fue, dejándole una tarjeta en la que constaban la dirección y el teléfono de un psicoanalista.

Tal vez si Claudio se hubiese analizado habría llegado a comprender el origen de su deseo asesino hacia su propia madre.

Pero las cosas se dieron de otra manera. Claudio se convirtió al comunismo ortodoxo, y comenzó a militar en una organización judía. Negro ya era, así que no le faltaba nada. A veces se le mezclaban los cables y proclamaba la necesidad de una circuncisión proletaria frente a la podrida sociedad burguesa; "los burgueses son sólo chanchos, decía, y por eso no deben ser comidos, so pena de ser expulsado de las filas del proletariado, lo que mataría de pena a la madre del expulsado en cuestión".

Y lo que le pasó a Claudio es que, al haberse convertido al judaísmo se había hecho acreedor, automáticamente, a una idishe mame. Quiero decir que, la madre de Claudio, dondequiera que ella estuviese, quedaba convertida en judía según la aplicación inversa de la Ley de Vientres (que dice que "si la madre es judía, sus hijos también lo son"). Claudio no sabía nada de lógica pero percibió enseguida la situación por ese instinto que tienen algunas personas (no él, claro). De modo que ahora Claudio tenía una madre judía. Había llegado el momento de la venganza. Claudio sabía perfectamente cómo hacer para matar a su madre judía, aun sin conocerla: no comiendo. Si Claudio se negaba a ingerir bocado, su madre judía moriría, dondequiera que estuviese.

Entonces Claudio comenzó a no comer. No estoy hablando de ayunar, que sería una actitud activa, tal vez ideológica o espiritual, sino simplemente a no comer. De vez en cuando rechazaba el almuerzo que sus camaradas comunistas le ofrecían. "Miren qué bonito" —decía el cocinero de la célula—, "al señor no le gusta lo que yo cocino, no sabe cuántos obreros vietnamitas quisieran comer lo que él está rechazando. ¡Me va a matar de un disgusto, este muchacho!"

Claudio le explicaba entonces que en realidad a quien él quería matar era a su propia madre, la que moriría como consecuencia de su rechazo a la comida. Entonces el cocinero le preguntó por qué rechazaba la comida sólo de vez en cuando.

—Para matarla lentamente —respondió Claudio, que se la sabía lunga, a pesar de que varios de sus amigos judíos le habían sugerido que hiciera una profunda autocrítica desde aquella vez que intentó rezar "El Capital" en la sinagoga.

Un día Claudio decidió que su madre ya había muerto gracias a su inapetencia, y rompió a llorar desconsoladamente. Pensó en entregarse a la policía, pero uno de sus amigos lo disuadió: "Vos sos inocente, y ya sabés las cosas que les hace la policía a los inocentes". Y fue allí cuando Claudio, por si la vida no lo había castigado lo suficiente, pasó a ser, además de negro, comunista y judío, inocente.

Claudio no pudo soportarlo. Se dirigió a la primera comisaría que encontró y se declaró arrestado bajo los cargos de asesinato de su madre y de su tía. El comisario le pidió pruebas, y como Claudio no las tenía, lo declaró inocente de los cargos, pasando *ipso facto* a acusarlo de ejercicio ilegal de la policía. Claudio se declaró culpable y así salió en libertad.

Junto a él salió un psicoanalista que había sido detenido por conducir un tratamiento a excesiva velocidad. Fueron a tomar un café (que Claudio pidió con gotitas de formol), y Claudio le contó su vida. El analista, a su vez, le contó la vida de uno de sus pacientes. Luego, intercambiaron tarjetas. El analista le dio la suya, y Claudio le dio la de aquel otro analista que una vez una chica le había dado en un café. Eran idénticas.

Una tarde Claudio descubrió de qué manera podría cambiar su triste sino: volviéndose masoquista. De allí en más, los castigos de la vida serían placeres; ya vería la vida de lo que Claudio era capaz. Con esa idea en la cabeza se quedó dormido. Por primera vez en su vida, sonrió.

TODOS LOS SOMBREROS
ME QUEDABAN CHICOS

Éramos cinco y nos queríamos mucho. Eduardo, Pedro, Luis, Gustavo y yo.

Eduardo era el más audaz, siempre lo fue, y por eso era una luz para los levantes. Sólo bastaba que pasase una mina a media cuadra, y ahí iba él, lanzado, cazador tras su presa, a intentar algo. Preguntarle la hora, elogiarle el vestido, proponerle tomar un café, o, si estaba realmente zafado ese día, invitarla al cine (el único cine que había en el pueblo era pornográfico).

Valiente sí que era Eduardo, pero no tenía toda la suerte que se merecía, ya que la mayoría de las mujeres le decía que no pero algunas le decían que sí. Y las que le decían que sí, bueno, si usted conoce el pueblo sabe cómo eran las chicas de ahí y que todos los años se reunían a sortear a cuáles les tocaba hacer de lindas, así que...

Pero Eduardo insistía. Lo que pasa es que Eduardo era una luz para los levantes, pero esa misma luz lo cegaba. Nosotros lo alertábamos de lo feas que eran las chicas, pero, ya lo dije, Eduardo insistía. No serán muy lindas pero son nuestras, decía, y además tengo que tener algo para hablar después con los muchachos. Sólo muchos años más tarde Eduardo perdió su audacia con las chicas del pueblo, y dicen que fue después de un confuso episodio a la salida de una consulta al oftalmólogo. ¡Este Eduardo...!

Una vez casi se casa con su propia hermana. Tan chicata como él, la pobre. El cura sospechó algo cuando vio que coincidían los apellidos, y en un pueblo tan chico no podía ser casualidad. Usted tal vez se pregunte cómo es posible que el cura no se diera cuenta antes, o que no conociera a los hermanos sin tener que leer sus documentos, siendo una parroquia de muy pocos feligreses. Nadie lo entiende, pero cosas como éstas pasan en los pueblitos, tan distintos a las grandes zonas urbanas, donde todos se conocen.

Lo importante es que en pueblos como el nuestro existía la amistad en serio, como ésa que teníamos Eduardo, Luis, Gustavo, Pedro y yo.

Pedro era el solidario de alma. Repartía todo lo que tenía, y nunca tenía nada. Iba a levantarse mujeres a otro pueblo (no era chicato como Eduardo) y a la vuelta nos traía alfajores. Compartía sus proezas sexuales con el resto del grupo. Era bárbaro, Pedro. Contaba levantes dificilísimos, encames voluptuosos, romances desgarradores, como si en serio los hubiera vivido. Y lo más lindo, es que en sus relatos a la mina nos la levantábamos todos, no él sólo. ¡Eso es solidaridad! Un día nos dijo que una mina le juró que nunca había estado con un grupo de hombres así como nosotros. ¡Este Pedro! Dicen que hizo fortuna con un espectáculo unipersonal, contando cuentos, en la época de los cortes de luz.

Luis era el más reservado de todos. Nunca sabíamos si estaba o no. Muchas veces el mozo debió llevarse el café que le habíamos pedido, y otras fue Luis quien reclamó el pocillo con un amargo reproche según el cual lo ignorábamos, no lo considerábamos uno más de nosotros. La verdad es que a veces lo considerábamos uno más, a veces uno menos, según la circunstancia. Pero ahí surgía Pedro y su solidaridad. "Si Luis no está, yo me hago cargo", decía, y procedía a tomarse el cafecito destinado a Luis. Después entonaba la consigna "se siente, se siente, Luis está presente", cosa que hacía ruborizar a Luis en caso de que realmente estuviese allí. Nadie entiende por qué Luis intentaba callar a Pedro en lugar de abrazarlo y emocionarse por su gesto solidario. Es que Luis era muy reservado.

Eduardo, por su parte, a veces veía a Luis, a veces no, pero por otros motivos. El colmo fue cuando se lo confundió con una bella señorita de sedoso pelo rubio, ojos celestes y barba rizada e intentó levantarlo/a en otro de sus actos de audacia.

Luis no sabía qué hacer, ya que no deseaba responder afirmativamente a los requerimientos amorosos de Eduardo, pero le daba no sé qué desengañarlo en nombre de la vieja y profunda amistad que nos unía y además, era muy tímido y reservado, como sabrán. Finalmente optó por huir, metido dentro de sí mismo. Eduardo intentó perseguirlo, y Pedro, viendo cómo venía la mano, trató de poner coto a la situación poniéndole a Eduardo unos anteojos que tomó prestados de la mesa de al lado, sin conocer previamente la opinión del dueño de los lentes acerca del préstamo. O sea que en un momento dado Luis salió del bar metido dentro de sí mismo perseguido por Eduardo que le lanzaba proposiciones de tono subido. Tras Eduardo iba el solidario Pedro con los lentes en la mano, y detrás de él, el dueño de los lentes en procura de los mismos, tropezando hacia un lado y hacia otro dada la falta de visión que le había provocado. Gustavo y yo intentamos explicarle al hombre que podía quedarse tranquilo, que ni bien Pedro le colocase los lentes a Eduardo, y éste viera que Luis era Luis y no una exuberante mujer barbuda, todo se solucionaría.

Sin embargo el parroquiano no dio muestras de comprendernos, y siguió corriendo y tropezando. Encima agregó una serie de insultantes epítetos dirigidos a Pedro, que nosotros, conociendo la solidaridad de nuestro amigo, no dudamos en distribuir entre los cinco.

Todo se tranquilizó cuando Eduardo tropezó con un poste de teléfono al que también confundió con otra bella señorita e intentó levantar. Luis pudo salir de adentro suyo no sin cierto alivio porque estaba desfalleciendo de calor (su interior no estaba preparado para esos trotes) y se ausentó. Pedro le devolvió al parroquiano los restos de los anteojos fallecidos en cumplimiento de su deber (gracias a ellos, Eduardo vio el poste y aunque no lo reconoció como tal, al menos dejó de perseguir a Luis). Nos abrazamos los cinco (Pedro se hizo cargo de representar a Luis y Eduardo que no estaban) y salimos a levantar minas en honor a la amistad. Esa noche nos fue bien. Tres mujeres nos dieron bolilla. Pedro se quedó con dos (no olvidemos que estaba representando a Luis y Eduardo), y Gustavo y yo compartimos la restante. Nunca sabremos si el poste correspondió o no a las solicitudes de Eduardo.

Gustavo. ¡Ah, el bueno de Gustavo! Amigo inseparable, Gustavo siempre estaba cerca, aun en las peores circunstancias. Nunca te dejaba solo, el bueno de Gustavo. Él estaba ahí, no hacía falta buscarlo. Algunas veces le sugerimos, le propusimos, le insistimos, le rogamos o lo amenazamos para que nos dejara solos, pero él ¡no! Porque dejarnos solos a nosotros era quedarse solo él, y eso Gustavo no lo podía tolerar. Era absolutamente fóbico, y si no tenía quien lo acompañase no salía de su casa, y eso si en la casa lo acompañaba alguien, si no no entraba. Alguna vez intentamos curarlo buscando que lo acompañase Luis en forma ausente, pero no hubo caso.

Así era Gustavo, así éramos los cinco, amigos de ésos que ya no quedan.

—¿Cómo que los cinco, y usted?

A mí, todos los sombreros me quedaban chicos.

TELÉFONO MÍO

Yo siempre quise tener teléfono. Un teléfono que fuera mío. Desde chico, cuando me compraban teléfonos de juguete para evitar que yo destrozase el de verdad que tenían mis padres. Ellos, ilusos al fin, creían que era por celos, que me molestaba que hablaran con él y no conmigo, que no soportaba que mi mamá le comentase a la vecina la barbaridad que le había llegado en la boleta en lugar de festejar alguna de mis divertidas travesuras. Yo sí estaba celoso, pero de mis padres. Quería tener un teléfono como el de ellos.

Alimenté las más diversas fantasías infantiles al respecto: que a los teléfonos los trae la cigüeña de París; que vienen en un repollo; que hay que casarse para poder tenerlos; que el papá le enchufa un cable a la mamá y a los nueve meses se escucha el primer ¡ring-ring! Mis padres me veían toqueteando el tubo noche y día, y previendo lo peor me mandaron a un psicoanalista, ya que ése es el lugar adonde los padres progres mandan a sus hijos cuando hacen una travesura, en vez de ponerlos en penitencia en el rincón.

En la charla con el Lic. Popolstein, papá decía que yo debía tener problemas comunicacionales porque me negaba a ir a jugar a la casa de mis amiguitos y en cambio reclamaba llamarlos por teléfono. (El colmo fue cuando insistí en jugar al fútbol telefónicamente. Yo era arquero, y me avisaban por tubo cada vez que había una jugada peligrosa. Me llenaron la canasta, y mis amigos no querían oír hablar de mí. Ni siquiera por teléfono.)

El licenciado dijo entonces que yo no era capaz de cortar mi propio cable umbilical, y que el problema se solucionaría cuando, siendo yo adulto e independiente, fuese capaz de generar mi propia línea, y hacerme cargo de la misma, pagándola.

Comenzamos un tratamiento de dos llamadas semanales de 50 minutos, aunque a veces yo interrumpía la sesión, colgando el tubo, sin darle tiempo para decir "dejamos aquí por hoy" ni "a ver si me pagas los honorarios de una buena vez".

Dejé el tratamiento una vez que, habiéndolo llamado durante mi horario, dio ocupado. No pude soportarlo. Quedé resentido con mi analista, y, en venganza, tiempo después lo volví a llamar desde Europa, con cobro revertido.

Crecí. Conocí a una bella muchacha. Me casé. Con ella. Nos fuimos a vivir a un cómodo tres ambientes con dependencias de servicio, baño completo, balcón terraza, calefacción central, ¡joya, nunca taxi! Y un solo defecto: ¡No tenía teléfono!

Al principio decidí tomar la cosa con calma: está bien, no teníamos teléfono, pero ya lo tendríamos. Uno pedido por nosotros, deseado. Ya me imaginaba a mi mujer tejiendo carpetitas mientras yo encolaba una mesita ratona y ambos nos preguntábamos si se llamaría 888-8888 o 999-9999. Nos veía llamando de urgencia a toda la familia que vendría volando y se quedaría fumando en la sala de al lado mientras el empleado sacaba los últimos cables y traía al mundo a nuestro simpático aparatito. Pero el tiempo pasaba y la línea no llegaba.

Decidimos consultar a un especialista. Después de varios análisis, el facultativo diagnosticó que tanto mi mujer como yo éramos aptos para tener teléfono, que tal vez se trataba de la fecha, de algún tipo de sobrecarga de tensión, nos preguntó con qué frecuencia lo buscábamos y luego nos dijo que nos diésemos un tiempo. Pero yo no daba más.

Pensé en adoptar. Un conocido me dijo que por unos pesos me traía un teléfono del Norte. Muy legal la cosa no era, pero muchos lo hacían. Finalmente decidimos seguir buscando el nuestro. En mi fuero íntimo temí la posibilidad de morirme sin tener teléfono.

Un día casi asesino a un conocido en una reunión. Todo sucedió cuando él comentó que no podía mantener los cuatro teléfonos que tenía y tal vez devolviese uno. Yo le grité a viva voz que él era responsable por sus teléfonos, que ellos no habían solicitado ir a su casa sino que fue él quien decidió tenerlos, y que ahora debía bancarlos. Me miraron con cara rara y no me volvieron a invitar. Tal vez porque no tenían adonde llamarme.

Mi mujer me comentó algo horrible. Una chica soltera, que no había solicitado línea alguna, se encontró con la novedad de que pronto tendría en su casa un aparatito haciéndole ring-ring. Ella no podía tenerlo porque ganaba muy poco dinero y no tenía quien la ayudase. Entonces fue a la empresa y lo anuló.

Surgieron otras historias horribles: aparatos abandonados por parejas que se separaban, otros matrimonios desechos que se peleaban por la tenencia de la línea, teléfonos públicos que se entregaban a cualquiera a cambio de un cospel, teléfonos rotos sin que nadie se ocupase de ellos. En fin, un largo y trágico anecdotario que conmovía a cualquiera que quisiese tener un teléfono y cuidarlo, como nosotros.

Y un día, cuando nos empezábamos a resignar frente a la posibilidad de envejecer sin dejar líneas a la posteridad, ¡ring-ring! sonó el timbre (teléfono no teníamos, ya se sabe) y se apareció un muchacho uniformado, con un paquetito en la mano. Lloramos, saltamos, nos abrazamos. Todo aquel que recibe su primer teléfono sabe de qué se trata.

Somos felices, A veces nos despierta de noche. A veces hace ruiditos que nos asustan un poco, pero en general nos brinda satisfacciones. No sabemos si será un teléfono único, o si con el tiempo tendremos otro más... ¡Ring, ring! ¡Uy, está llamando! ¡Vieja, el teléfono ya pide!

TODO ESTABA BIEN

Hicieron el amor varias veces seguidas. Después hicieron el sexo. Cuando se sintieron satisfechos fumaron un cigarrillo a medias; una pitada él, una pitada ella. El pasarse el faso de mano en mano, de boca a boca, les produjo una nueva sensación de excitación. Ella tuvo varios orgasmos, a los que agregó uno fingido para completar la media docena de rigor. Él no pudo simular orgasmos, pero le aseguró a ella que jamás volvería a fumar otra marca que no fuera ésa. Ella le pidió un trago. Él le respondió que sólo había agua. Creo que con eso alcanzará, le dijo ella. Él salió, y al rato volvió con un vaso en el que reposaba el líquido.

Ella bebió primero, y el verla beber le provocó a él una nueva sensación de éxtasis: ella era una geisha occidental de ojos celestes rasgados que le cantaba el arrorró en idish. Entonces ella le pasó el vaso y él bebió.

El primer trago lo elevó al infinito; le hizo recordar aquella gloriosa noche en la que por haber pasado de grado su madre lo eximió de beber la sopa. Al segundo se sintió aliviado; sus enseñanzas religiosas retrocedían aterrorizadas ante un dragón que escupía el fuego de la pasión, de cuyo cuello colgaba un cartel que decía **no molestar o haré fuego.**

La pasión lo recorría, primero en un sentido, luego a contramano, sin verse detenida por ningún agente de policía al que tuviera que neutralizar ofreciéndole dinero.

¿Existen las noches como ésta? se preguntó. Sí, se respondió, y estoy viviendo una de ellas. Entonces ella fingió otro orgasmo para recordarle a él que estaba allí. Ella, con su cuello de porcelana, sus labios de rubí y sus caderas de la dinastía Ming. Era preciosa. Ella fingió el orgasmo, dijimos, y él le siguió la corriente hasta quedar pegado a sus sensaciones, por lo que casi mueren electrocutados. Pero no les pasó nada. Sólo la extraña sensación eléctrica que producen ciertas prácticas sexuales, no éstas sino aquellas para las que hace falta enchufar un aparatito.

Entonces, mientras ella terminaba de fingir su orgasmo, él rememoró su vejez, la de él, aún no alcanzada pero tantas veces fantaseada. Decidió no ser un viejo impotente como había planificado: noches como ésta valen la pena en la tercera edad, se dijo.

Para festejar ella fingió un nuevo orgasmo, y entonces hicieron nuevamente el amor, porque el reloj dio las tres y correspondía, de acuerdo a la prescripción médica. Después ella le confesó que todos sus orgasmos fingidos eran reales y viceversa. Cuando dieron las cinco, él se levantó, buscó su billetera, tomó unos billetes, se acercó a ella y le pagó según lo convenido. Entonces ella tomó los

billetes, buscó su cartera, guardó en ella el dinero
que él le había dado. Luego tomó otros billetes, se
acercó a él y le pagó, también según lo convenido.
Luego lloraron, rieron y se miraron. Después cada
uno observó su agenda. Todo estaba bien.

UNA DE FIESTA

Esa noche Mónica se vino especialmente provocativa. A Estela le provocó celos, a Alicia una envidia terrible, y a mí una erección en el nivel donde ocurren las erecciones. Era una de esas erecciones que se les cuenta a los amigos para fanfarronear cuando uno no tiene nada mejor que contarles a sus amigos para fanfarronear. Sólo el noble esfuerzo de mi urólogo de cabecera logró hacerla ceder mediante un procedimiento que no considero oportuno relatar aquí, en salvaguarda de mi buen nombre y honor.

Decía entonces que Mónica se vino provocativa. Sólo así puede comprenderse la audacia de aparecer en medio de la *soirée* totalmente vestida. Solamente se veían sus ojos a través de la máscara de papel *maché* blanco que ocultaba el resto de su cara y casi le provoca la muerte por asfixia, como verán.

"No puedo dejar escapar a una mujer así" —pensé— "alguien tan especial se conoce una sola vez en la vida, y eso los que la conocen". Y yo, como tal vez hayan podido vislumbrar, era un coleccionista de mujeres así, o asá.

Vi a Mónica, medio asfixiada por su propio traje, escurrirse de entre los brazos de Beatriz Eduarda rumbo al suelo, y corrí a tomarla entre los míos. Tuve tan mala suerte que por error me llevé por delante un brindis, cuyos participantes fueron a dar al interior de varios cuadros de los que adornaban la galería en la que estábamos todos reunidos festejando.

(No recuerdo qué, pero algo festejábamos. De no ser así, no habríamos estado todos festejando allí.)

Me disculpé con los cuadros en los que estaban incrustados los ex levantadores de copas y seguí mi camino en pos de la desfalleciente Mónica, con temor de que se transformara en falleciente antes de mi llegada. Tan preocupado estaba que no noté mi erección. Y eso es grave, ya que no pude medirla y anotar el dato en el libro en el que llevo mis anotaciones mensuales.

Torpe y erecto, pues, seguí mi camino. Tenía la esperanza de no torpezar (valga el neologismo) con ningún otro miembro de la familia, ni de que nadie tropezara con el mío propio. Es que éramos muchos, muchísimos. Usando mi erección a manera de brújula, llegué a un lugar, donde Mónica ya había sido despojada de su máscara. ¡Sorpresa!, quien se ocultaba no era en realidad Mónica sino un señor desconocido, cuya identidad yo ignoraba, pero cuya pertenencia al sexo masculino era inobjetable, al menos desde el punto de vista biológico. Miré hacia abajo con vergüenza. Mi percepción sexual me debía una larga explicación al respecto.

Pero entonces ¿dónde estaba Mónica? ¿Cómo hallarla? Mónica estaba allí, a sólo un metro de mi desdichado desencuentro. Aún llevaba puesta la máscara (igual a la del tipo con el que me la confundí), a pesar de los denodados esfuerzos de cinco personas que luchaban por sacársela para que pudiera respirar.

Un hombre me tendió su mano y la acepté, mecánicamente. Luego no supe qué hacer con ella. Se me ocurrió dejarla en la recepción por si el hombre llegaba a reclamarla, cosa de la que dudé: "Al fin y al cabo tiene otra", pensé.

Pasó por mi mente la posibilidad de eliminar el problema de la mano sobrante y la erección con una sola maniobra autocomplaciente, pero lo descarté por cuestiones de educación. No era el lugar indicado, ni el momento indicado. Ni la mano indicada, he de decirlo.

Tal vez las preocupaciones que acabo de contar hayan sido la causa de que me distrajera un momento y cometiera mi primer gran error: le di mi nombre completo a un desconocido, que huyó llevándoselo y dejándome en la más completa indigencia de identidad.

Tenía que pedir una prestada, aunque no fuera de mi talle. Estela se compadeció de mí y me dio una de su marido, al que le sobraban varias que ya no usaba desde el último brote esquizofrénico. Me puse mi nueva identidad y me deslicé por el salón para evitar el acoso de Estela, que al verme con los datos de su marido puestos me identificó con él.

Mónica seguía tirada en el piso. Digamos depositada, para ser más acordes con el ámbito en que discurríamos. Yo quería cogerla en el sentido que dan los españoles a este término, para llevarla a una habitación y repetir el término, pero esta vez en su acepción argentina. No pude hacerlo. Un caballero se interpuso entre los dos.

Mientras Ricardo vomitaba sobre todo aquel que le ofreciera un hombro protector, el caballero intentó dirigirme la palabra, con tan mala puntería que su palabra fue a dar de lleno a la cara de Estela que acudía presta a confundirme con su marido. Dos epítetos lanzados por el caballero la golpearon en la nariz, un adjetivo algo peyorativo le dio en la mejilla, y un adverbio decididamente poco oportuno para la ocasión le hizo saltar las lágrimas.

Finalmente el predicado manchó el vestido de Estela con tres verbos de ésos que no salen con nada, y el sujeto se dio a la fuga. Estela se desmayó y yo le pedí al valet que trajese algo con que cubrirla. El hombre acudió solicito con otra de las identidades que el marido había dejado de usar y se la puso a Estela. No le quedaba muy bien, era poco femenino, pero era lo único que había a mano.

"Mónica está cerca", pensé, "sólo a dos metros del comienzo de mi erección". Fue entonces cuando Alicia repartió envidia entre los concurrentes a fin de que brindásemos por su pronto retorno al sentido común.

Levantamos las copas y yo me llevé por delante otro brindis, pero esta vez en sentido literario. Corrí hasta Mónica que me esperaba con los brazos abiertos, en cruz, y la cabeza a la misma altura de los pies, sobre el piso. La levanté como si fuera una copa y grité: "Feliz año nuevo, buen viaje, que se cumplan sus proyectos, no somos nada, y feliz año nuevo una vez más", choqué a Mónica contra las copas de los demás invitados, y una vez que estuve cerca de la puerta de entrada, corrí raudo hacia la de salida, la que atravesé. O atravesamos, podríase decir.

SEXOTIC

—¡Quiero coger!

—¡Viejo, viejo, el nene ya pide!

—Bueno, era hora, ¿no? ¡Ya tiene 25 años!

—¿Viste? Vos siempre diciendo que es un inútil que no sirve para nada, que necesita calle, que yo lo malcrío, que la abuela lo malcría, que el psicoanalista lo malcría, pero al final, el nene pidió, como todo el mundo.

—¿Como todo el mundo?

—Sí, ¿o me vas a decir ahora que es anormal porque sólo tiene 25 añitos? ¡Siempre el mismo padre sobreexigente subprotector antiedípico misilístico, vos!

—¿Y eso, dónde lo aprendiste?

—En una revista. Bueno, la verdad, en varias revistas.

—¡¡Quiero coger, quie-ro-co-ger!!

—¡Ya va, ya va! ¿Viejo, por qué no llevás algo de coger, al nene?

—¿Yo?

—Y, no voy a ser yo, ¿no? Está bien que sea la madre, pero una tiene su pudor y su respeto por las prohibiciones de la cultura que permiten el desarrollo superestructural de una sociedad organizada a partir de estratos...

—¿Eso también lo leíste en la revista?

—No, eso lo escuché en un teleteatro. Resulta que el tipo, el galán, quiero decir, es un antropólogo desocupado que un día, revisando en una biblioteca los textos de arqueología comparada, la encuentra a ella y se enamora perdidamente.

—¿Perdidamente?

—Sí, porque se le da vuelta la página y nunca más la vuelve a ver, entonces él la busca, la busca...

—¿A ella o a la página?

—A ella, ¡es un teleteatro, viejo!

—¡Dije que quiero coger!

—¡Dále, viejo!

—Ufa, me tienen podrido, pero al fin y al cabo ¿qué creen que soy yo acá, a ver? Mirá si le voy a estar llevando algo para coger al degeneradito ese, que con 25 pirulos no sabe servirse solo. ¡Estamos todos locos, estamos!

—¡Te recuerdo que el "degeneradito ese" es tu hijo!

—No me hagas acordar, mirá.

—¿Por qué, no te gustó esa noche?

—Ah, de eso sí hacéme acordar, ¡viejita linda!

—Pará, degenerado, no le des malos ejemplos al nene, que después te quejás de que nos salga sexópata aberrante con claras tendencias antisociales de gravedad.

—¿Eso también lo dijeron en el teleteatro?

—No, eso se lo escuché a la vecina, en el almacén, lo estaba cantando. Parece que es la letra de la última canción que se puso de moda en un programa infantil.

—¡Quiero coge-er, quiero coge-er!

—¿Por qué no salís a la calle, che?

—Eso, nene, salí a la calle a jugar, ¿no querés?

Salió. En la esquina, una representación de teatro callejero en una de sus obras más exitosas, "Mi padre, el sodero", de autor desconocido. Él se acercó a la actriz principal, y le susurró al oído:

—¿Bailás, preciosa?

—Ahora no, pueden vernos —le respondió ella. Y luego, mirando al público, siguió en su papel:— El humilde proletario que eres jamás podrá acceder a mis aposentos familiares, Alfredo Ignacio, y por más que me digas que tus sifones son de la mejor calidad debes saber que en casa sólo tomamos aguas previamente mineralizadas.

El actor al que ella rechazaba se alejó consternado, y él también. No toleraba el rechazo, ni siquiera cuando el rechazado era otro.

Siguió su camino, aunque enseguida se dio cuenta de que no tenía camino alguno, y se detuvo en una esquina. Su situación era por demás ambigua. De pronto recordó el motivo por que había salido de su casa: su padre lo había echado. Y allí rompió a gritar:

—¡Quiero coger!

Una anciana que pasaba le dio tres monedas, que él no supo valorar, pero la anciana sí, era más del diez por ciento de su jubilación. Después pasó un joven posmoderno y dijo algo acerca de que la historia había terminado y él pensó que tal vez ya nadie cogería más, dadas las circunstancias. Después pasó una psicóloga y le dejó su tarjeta. "¡Ésta no me quiere llevar a la cama sino al diván, y todo porque quiero coger!" De pronto, una puta le revoleó la cartera en la cara, y escuchando su petición le hizo conocer la tarifa. Lo que él tenía en efectivo no alcanzaba ni para saludar, y si bien ella aceptaba tarjetas, la que le había dejado la psicóloga no servía para pagar.

Pensó en volver a su casa a buscar efectivo, pero desistió enseguida. Si su padre le había negado algo para coger, que no se le niega a nadie, menos aún le daría dinero. Debía arreglárselas solo. Tampoco quería masturbarse. No sabía qué hacer. No hizo nada.

Mientras tanto, en el mundo seguían ocurriendo cosas. En el extremo boreal había nacido un niño con dos cabezas aberrantes, en una podían colocarse videocasetes a través de la boca y ver la imagen a través de los ojos. La otra, en cambio, menos evolucionada, sólo agarraba los canales de televisión por aire. Otra guerra había sacudido a la población mundial, pero después del sacudón, la gente, o lo que quedaba de ella, volvió a caer donde estaba y siguió su camino. Un niño, por su parte, encontró enterrado en su jardín un antiguo resto de felicidad que tal vez formara parte de un dinosaurio, aunque los sabios lo dudan porque al exprimir —al niño— no sale petróleo. Y él, nuestro protagonista quiero decir, seguía parado en la esquina con ganas de coger, que no se le iban a pasar por estas noticias.

Cuando dieron las diez la madre comenzó a preocuparse.

—Pobre nene, solito y desabrigado en la calle.

¿Habrá cogido o estará triste y abandonado por ahí, cual galán incomprendido desde su mismo origen, dejado en un convento en una canastita y que termina enamorándose de su hermana, o de su hermano, a quienes jamás conoció...?

—Pero mujer, pará —éste fue el padre, o sea el marido, dicho esto sin metáforas edípicas—, ¡¿qué te preocupás tanto del hijo?! ¿Y qué hay de nosotros, eh?

—Tú siempre piensas en lo mismo —le espetó ella.

—Pues no —respondió él— a veces pienso en el sexo, y en lo bien que nos vendría.

—Pues yo pienso en nuestro hijo.

—Mira, mucho la idea no me convence, pero si querés, está bien, tengamos otro.

—¿Cómo otro, cómo otro? ¿Y dejar abandonado así al que ya tenemos?

—Está bien, está bien —dijo él (padre). Se puso el saco, tomó sus llaves y salió a la calle. Para buscar a su hijo y volver juntos, o para no buscarlo ni volver. Qué sabía él.

No había andado tres cuadras cuando una voz conocida, familiar directa, lo sacó de su ensimismamiento (o como se diga cuando uno piensa solo):

—¡Quiero coger, quiero coger, una ayudita para un pobre joven que quiere coger!

Era la voz de la sangre. Para ser más exactos, la de la mala sangre. Su hijo, su propio hijo, aquello en que se había transformado su espermatozoide con el paso del tiempo, convertido en un miserable mendigo de amor, en un limosnero de sexo. Sintió mucha pena. Entró a un bar, ahogó sus penas en alcohol, y cuando estaban bien ahogadas, salió del bar, volvió a su casa, y ni bien la borrachera le permitió embocar la llave en la cerradura y su propio cuerpo en la cama, se durmió.

Su mujer, la madre del pordiosero sexual, aún estaba despierta. El ver a su marido acostarse en el estado en que estaba le hizo sentir mucha pena, eso cuando pudo aliviarse del susto frente a la posibilidad de que el marido en cuestión la aplastase, ya aclaramos que el hombre tenía el esquema corporal borracho. Ella sintió pena, entonces, pero no pudo ahogarla en alcohol, porque era abstemia.

Intentó con té caliente y con leche tibia, pero nada. De todas maneras siguió bebiendo, cacao en polvo con leche, para recordar a su hijo. El muchacho odiaba el cacao y se enojaba con ella cada vez que ella se lo preparaba. Oh, recuerdos.

Y hablando del muchacho, sus ansias sexopoyéticas llevadas a la vía pública, habían despertado, ya que no la solidaridad, al menos la curiosidad de los transeúntes. Unos se acercaron a pedirle que gritara más bajo porque no los dejaba dormir, otros lo veían como un emergente de los años de represión política y llegaron a pensar en él como el líder de un nuevo movimiento que sin duda tendría más seguidores que algunos de los ya existentes. No faltó el turista extranjero que se asombrara por las extrañas costumbres del Sur, ni el turista propio que destacaría las diferencias entre los habitantes de la Capital y los del interior del país. Tampoco faltó la policía, cómo iba a faltar, y ante la opción de darle unos pesos o dejarlo que siguiera gritando, finalmente lo llevaron detenido, a que le explicara al comisario sus necesidades básicas no resueltas.

Y se lo llevaron, nomás. No sabemos qué ocurrió

después. A los que imaginan una historia al final de la cual el protagonista lograr concretar su deseo a partir de la elaboración de sus angustias y dificultades previas, les decimos que es posible que así haya ocurrido, pero también que no.

UNA RAZÓN PARA VIVIR

Se acomodó en su escritorio para esperar al asesino. Estaba tranquilo, con esa paz que sólo podía darle el saber que nunca más tendría que apurarse para no llegar tarde a una cita de negocios, que el recuerdo de sus cuatro ex mujeres pronto dejaría de atormentarlo, que se acabaron para él los dolores de muelas. A las 10 en punto sería asesinado. Así se lo escuchó decir al autor.

A decir verdad, mucho no le preocupaba la proximidad de su muerte. Había vivido. Los comienzos habían sido muy difíciles, aunque de esto sólo tenía reminiscencias, ya que la novela comenzaba en su juventud. Luego, cuatro matrimonios truncos y la prosperidad.

Todo en 427 páginas, divididas en 28 capítulos.

Aún recordaba con cierta nostalgia las palabras con que el autor evocaba a su primera novia: *"la vi y supe que sería mía"*. De todas maneras, nunca terminó de aclararse a quién se refería con ese *"mía"*, si a sí mismo, o al propio autor, por lo que no podía dejar de lado la posibilidad de haber sido engañado.

Algo parecido le pasó también en sus cuatro matrimonios. No podía estar seguro de que era su propio deseo el que lo llevaba a decir "Sí, quiero". Es más, estaba convencido de que al menos una vez se casó por razones argumentales.

Y ahora iba a morir. Lo único que pretendía era que no fuese doloroso. Todo se termina algún día, y las novelas no son la excepción. No siempre las cosas son como en la vida real, en la que la gente no sabe cuándo va a morirse. Aquí faltaban sólo pocas páginas, y él sabía que no habría segundo tomo.

Pero ¿quién era el asesino? Tal vez un profesional contratado por alguna de sus cuatro ex. Luego lo heredarían, y la instigadora y el asesino disfrutarían de un capítulo final paradisíaco en una isla del Caribe. No, esa idea la desechó enseguida. Primero, porque ése no era el estilo del autor; segundo, porque él no era hombre de fortuna como para que su heredera pudiera disfrutar del Caribe ni siquiera cuatro páginas, y tercero y principal, porque sus cuatro matrimonios habían terminado en viudez.

¿Entonces, qué? ¿En qué momento habría planeado el autor deshacerse de su protagonista? ¿Habría sido tal vez en el capítulo cuatro, mientras él estaba de viaje y la trama fue ocupada por personajes desconocidos de cuyos diálogos y actitudes jamás llegó a enterarse? Ni una esdrújula le dejaron. ¿Será posible que alguno de esos tipos, celosos de su condición de protagonista quiera matarlo para arrebatarle su rol? ¡Ah, no! Esto él no lo consentiría jamás... ¡sería el protagonista de su propia novela, aunque tuviese que morir para lograrlo!

Se puso de pie. Había encontrado una nueva razón para vivir. Debía resolver su propio asesinato.

Era posible que de esta manera se estirase la trama unos cientos de páginas más, pero él *debía* hacerlo. Pensó en hablar con el autor: *"Dáme un capítulo más, sólo un capítulo más y lo lograré"* pediría. Pero ya sabía que todo era inútil. El autor jamás consentiría en cambiar su estilo. Y ésa no era una novela policial.

¿A quién llamar, a quién pedir ayuda? ¿Saldrían Poirot, o Maigret o Phil Marlowe de sus propios libros para auxiliarlo? No, era imposible, ni siquiera de la edición nacional. Tenía que actuar solo. Y rápido.

De pronto dieron las diez, y, puntualmente, como sólo ocurre en los libros, llegó el asesino tal como estaba planeado. El asesino se dirigió hacia el escritorio cuerda en mano, le rodeó el cuello y apretó hasta que el cuerpo cayó inerte.

—Okey asesino, todo terminó, levanta tus manos —susurró él, saliendo del placard en el que se había escondido—, lamento comunicarte que acabas de estrangular a un muñeco.

El asesino se quedó quieto. El argumento no preveía situaciones como ésa.

—Vamos, vamos, ¿por qué lo hiciste, quién te envió?

Nada. Entonces él se dio cuenta de que no podría obtener mucho más de este personaje secundario. El tipo era un personaje vacío, nacido de la mente del autor al solo efecto de matarlo a él a las diez de la noche. Sin pasado ni futuro. Ni siquiera estaba bien descripto.

¡El autor! Detrás de todo esto debía andar el autor, no podía ser de otra manera. Él lo había sospechado desde un principio, pero ahora tenía pruebas concretas en su contra. Estaba en un aprieto. Él era la prueba viviente de la culpabilidad del autor, que vaya uno a saber qué personajes llegaría a crear para evitar ser juzgado.

¡Bang! La bala le pasó rozando. Eran muchos y estaban armados hasta los dientes, literalmente (uno tenía muelas explosivas, lo que prueba que la imaginación avanza casi tan rápido como la tecnología).

—¿Alguno de ustedes tiene la suficiente estructura de personalidad como para poder dialogar conmigo? —preguntó entre los tiros, tal vez intentando su última bravuconada.

Uno se le acercó.

—Yo —le dijo, mientras se rascaba la nariz con el codo. Evidentemente se trataba de un personaje muy mal construido, creado ante la urgencia de darle un final abrupto a la novela—. Si no os rendís, ya os las veréis conmigo —siguió, con evidentes fallas de estilo.

—No hablo con personajes secundarios, llévame con tu jefe.

—Yo soy el jefe, pardiez. —El autor se hacía presente a través de su personaje. Era evidente que estaba dispuesto a todo, aun a destruir la literatura, con tal de lograr sus planes.

—Lo suponía —dijo él, que no lo había supuesto.

—Bueno, basta de tanto vocablo inútil que me alarga la novela ¿qué es lo que querés?

—Quiero saber por qué me mandaste asesinar. ¿No podrías terminar la novela de otra forma? No digo un final feliz, pero...

—Escucha, muchacho —dijo el autor, quien evidentemente hablaba peor que lo que escribía—, yo termino mi novela como mejor me parezca, ¿está claro?

—No tanto —dijo él—. Como personaje también tengo mis derechos. Así que, aprovechando el capítulo anterior en el que me hiciste salir de compras, pasé por el correo y despaché dos cartas, una al juez y otra a mi abogado, denunciándote en caso de que algo me pasara.

—Ellos también son personajes míos, podría hacerlos matar.

—Cierto, pero te llevaría varios capítulos más, si quieres darles cierta lógica. Además, la trama cambiaría totalmente. ¿O acaso no eres tú quien me dijo que ésta no es una novela policial?

—¡Oh, en tal caso estoy en tus manos!

—Así es, mi querido autor.

—Okey, tú mandas, ¿qué hacemos ahora?

—¿Cómo que qué hacemos? ¿Quién es el autor acá?

—Bueno, no lo tomes así. Yo sólo vivo de escribir novelas. Es mi trabajo, estoy ligado a un contrato.

—¿Un contrato? Ah, ya entiendo, la mafia te obliga a escribir varias novelas anuales.

—No, no es la mafia, es una editorial.

—Oh, ¿cómo has caído tan bajo?

Con el autor en sus manos, le resultó fácil llegar a las oficinas del editor. Sólo tuvo que pedir que lo escribieran así en el siguiente párrafo. Ya que estaba, se hizo describir relajado, armado, dispuesto a todo y de muy buena presencia. El autor así lo hizo, no le quedaba otra.

De pronto, se encontró cara a cara con el editor.

—Tú... tú... tú... —tartamudeó el editor. El

autor aprovechaba la oportunidad de denigrarlo en su novela—. Tú... ¡Tú estás muerto!

—Vaya frase digna de un folletín —respondió él—. No estoy muerto, ya lo ves, y te aviso que esta vez tus planes editoriales han fallado. ¡No me entregarán, y mucho menos dentro de una semana!

De pronto, sintió que esas palabras no eran suyas. ¿Qué era eso de una semana? De alguna manera se sintió usado. Y entonces lo comprendió todo. En ningún momento el autor había dejado de dominar la situación. Él había sido un mero instrumento para dirimir la cuestión de la fecha de entrega del original.

Estaba atrapado, no había salida. La tapa quedaba lejos. La voz del editor lo sacó de sus reflexiones.

—Escucha, personaje de pacotilla, eres hombre muerto dentro de 24 horas. Si no, te juro que tu novela no sale.

Él tomó un revólver, apuntó fríamente y le voló la cabeza.

—Bravo, muchacho —comenzó a decir el autor. No terminó la frase. Las balas lo hicieron por él. Murió asombradísimo, sin haber visto cómo la secretaria del editor tomaba una máquina de escribir y se ponía a teclear desesperadamente.

—Por favor, señorita —dijo él— yo no soy joven ni rubio como me está describiendo. Además, tengo otra cita para esta noche. Escríbame llamando a la policía; aquí se han cometido dos crímenes.

Frunciendo el ceño, ella lo hizo. En el renglón siguiente, agregó sólo una palabra:

FIN

Impreso y encuadernado en GRAFICA GUADALUPE
Av. San Martín 3773 (1847) Rafael Calzada
en el mes de DICIEMBRE de 1995.